卓越学术文库 ■

林权立法构造研究

LINQUAN LIFA GOUZAO YANJIU

河南省高等学校哲学社会科学优秀著作资助项目

刘先辉 著

郑州大学出版社

郑 州

图书在版编目(CIP)数据

林权立法构造研究/刘先辉著. —郑州:郑州大学
出版社,2017.11
　(卓越学术文库)
　ISBN 978-7-5645-4844-5

　Ⅰ.①林…　Ⅱ.①刘…　Ⅲ.①林业-所有权-立法-
研究-中国　Ⅳ.①D922.634

　中国版本图书馆 CIP 数据核字(2017)第 232842 号

郑州大学出版社出版发行
郑州市大学路 40 号　　　　　　　邮政编码:450052
出版人:张功员　　　　　　　　　发行电话:0371-66966070
全国新华书店经销
河南龙华印务有限公司印制
开本:710 mm×1 010 mm　1/16
印张:10
字数:194 千字
版次:2017 年 11 月第 1 版　　　　印次:2017 年 11 月第 1 次印刷

书号:ISBN 978-7-5645-4844-5　　　定价:39.00 元

前　言

　　森林是陆地生态系统的主体，是陆地上面积最大、结构最复杂、生物量最大、初级生产力最高的生态系统，在环境保护中扮演着重要的角色。对森林、林地和林木等生态系统组成部分保护相对应的法律术语，莫过于"林权"一词。作为完全根植于本土的术语，它主要出现在国家政策之中、游走于法律的边缘地带。之所以出现这种情况，最主要是因为法学理论上对林权的阐述并不明确。

　　在传统法学研究思路下，对林权的归属主要有三种观点：第一，自然资源使用权。基于民法学的思维，"林权"中的"林"被理解为"森林""林木""林地"，这些又是"森林资源"的组成部分。依据宪法中森林资源归属国家或者集体所有的规定，以此为基础构筑用益物权，结合森林资源特点，将林权归属为自然资源使用权便顺理成章。但是这种观点的基础——宪法上的"所有权"与民法上的"所有权"并不等同；此外，林权中的"林"当然包括"林木"，林木完全可以归属个人所有，将林权归属为用益物权性质显然并不恰当。第二，准物权。基于"林权"中"森林""林木"在行使所有权时应当经行政机关的许可，并具有可消耗性，将其归为准物权。但准物权无法涵盖"林权"中"林地"的内容，且在个人所有林木的基础上设定准物权，也是违背法学理论的。第三，资源权。建立在对人类中心主义哲学观修正的基础上，将资源权内部构造为自然性权利和人为性权利，部分林权属于自然性权利是为了生存的需要，而部分林权属于人为性权利是为了发展的需要。但是这种构造的模糊性不易实现制度构建。

　　传统法学研究思路的困境，归根结底是立法理念乃至人与自然之间关系认识的哲学观出现了问题。从人与自然关系认识看，传统的人类中心主义哲学观下仅关注森林满足人类需求的工具性价值、关注森林的经济价值，认为人的理性是无限的，采用刚硬的还原论和机械论，是林权立法困境的最深层次原因；从理念上来说，长期以来民法形成的私权神圣与意思自治的绝对化、所有权异化、物权客体的局限，不利于将林权中的多重价值纳入法律

1

制度设计,从而保护生态安全和自然秩序;从具体的立法上来说,目前涉及林权的法律法规主要由林业行政主管部门起主导作用,存在着忽视公共利益的表达、对个人利益干涉过多的缺陷。因此,必须转变人与自然之间的关系、在更新原有立法理念的基础上进行法律制度设计,实现林权的经济价值、生态价值与其他非经济价值的沟通。

传统的人类中心主义哲学观采用理性主义本体论、主客二分认识论,视森林仅具有工具性价值,它是人类作用的对象,无视林权中森林、林木、林地以及微生物等诸客体之间的联系而形成的有机系统;而非人类中心主义则采用荒野自然观的本体论、自然内在价值的认识论,认为自然本身(包括森林)具有系统性、自组织性、先在性和同质性,森林具有内在价值而应当成为人类道德关怀的对象。前者哲学观把人与自然之间的关系理解为一种统治与被统治、改造与被改造、利用与被利用之间的关系,人类毫无道德感地向自然索取需要之物,使得森林被采伐、河水被污染以及土壤被退化,生态平衡受到破坏。人们对此进行了反思产生了哲学转向,后者即为其中之一。与哲学观有千丝万缕联系的立法理念尤其是民法、行政法理念也随之更新。民法理念出现了对意思自治的限制、所有权的社会化和物权客体的拓展;行政法理念则从管理论转向平衡论;法学理念的更新为林权多重价值的立法保护提供了机遇:在民法方面,绿色文明观念、可持续发展被纳入诚实信用、公序良俗等民法的基本原则之中;在行政法中,行政立法应当综合平衡公共利益、个人利益之间的关系。

林权中"林"字内涵的丰富性和客体的多样性,决定了它是一组权利的集合而非单一性权利。林权在人类中心主义哲学观下,以原有立法理念为指导,学者们在对原有林权概念的论述中,仅关注它所包含经济价值的实现,将其内容局限于森林所有权、林木所有权、林地承包经营权等权利的范围之内。随着哲学观的转向和法律理念的更新,林权不仅包含经济价值,而且还包括生态价值与其他非经济价值,体现生态价值与其他非经济价值的森林碳汇权、森林景观权等权利也应当纳入林权的范围之内。在阐述这些权利行使时,不应当仅考虑经济价值的实现,而应当考虑如何与生态价值与其他非经济价值的沟通、协调:林木所有权的行使,应当考虑公共利益的实现;林地承包经营权的行使,应当注意林地的合理利用;森林碳汇权是生态价值法律化的实例;森林景观权则保障了森林多重价值的实现。

法律制度设计上应当反映理论上林权内多重价值的沟通与协调。对于林木所有权,管制征收制度从法律上认可了对林木所有权进行合理限制,但是应当给予林木所有权人合理补偿;对林地用途进行管制具有正当性,用途管制主要包括用途主体、流转方式及程序的管制;应当借鉴国外碳汇交易市场成熟的经验,将森林碳汇交易纳入森林法中去、建立碳汇运行等内容,构建碳汇交易制度;依照合同法规定,制定森林旅游服务合同制度。

目录

导　论

一、研究背景、意义

(一)研究背景

近几年来,我国林业领域正在大力推行林权改革。2003 年、2008 年国家先后颁布了《关于加快林业发展的决定》《关于全面推进集体林权制度改革的意见》两项重大政策,各省、自治区、直辖市也相继出台了配套政策予以贯彻实施。这种情况在林业发展历史上是少有的。究其原因,是林业在环境安全和生态文明中正扮演着越来越重要的角色。第八次全国森林资源清查结果显示,全国森林面积 2.08 亿公顷,森林覆盖率 21.63%;活立木总蓄积 164.33 亿立方米,森林蓄积 151.37 亿立方米;天然林面积 1.22 亿公顷,蓄积 122.96 亿立方米;人工林面积 0.69 亿公顷,蓄积 24.83 亿立方米[1],与其他国家相比,仍有着较大的差距[2]。随着可持续发展思想的提出,我国森林工作重点由采伐向生态建设和保护转变。如何在法律机制设计中既能保护所有者的经济利益,又能使森林的生态价值与其他非经济价值得以实现,是摆在理论研究者面前的重要课题。本书从环境法学角度对森林法学中的重要概念——林权进行研究,试图解决在确认林权包含的经济价值归属、交易和利用的同时,实现对其包含的生态价值与其他非经济价值的保护。

---

① 国家林业局网站:http://www.forestry.gov.cn/gjslzyqc.html。
② 据统计,我国森林面积只有全球平均水平的 2/3,排在世界第 139 位;人均森林面积 0.145 公顷,不足世界人均占有量的 1/4;人均森林蓄积量 10.145 立方米,只有世界人均占有量的 1/7。

(二)研究意义

1.理论意义

"林权"不是舶来品,完全是根植于在我国的本土术语。它主要出现在国家政策之中、游走于法律的边缘地带,不是传统的民事财产权利体系典型的权利。20世纪末到21世纪初,一系列的环境问题和自然灾害的发生,引起了国家对森林保护的重视,学术界对林权研究才多了起来。现有的研究成果,大多是从经济学、管理学、社会学等角度分析林权。即使从法学的角度分析林权,也是将它纳入物权法的体系,注重对森林经济价值的实现。本书从环境法学的视角,在环境哲学、伦理的层次审视林权,分析林权立法的法理基础,解构林权的概念、性质,并以林权的内容为中心,分析林权的子权利,提出子权利在实现经济价值的同时,注意沟通与协调它们本身固有的生态价值与其他非经济价值,完善我国的自然资源立法体系,为我国环境要素生态价值与其他非经济价值纳入法律规范保护范围提供路径。

2.现实意义

在我国森林政策中,"林权"的历史渊源颇为久远:从初期政务院发布的《关于适当处理林权、明确管理保护责任的指示》,直到2008年《中共中央国务院关于全面推进集体林权改革的实施意见》,各级林业行政主管部门都内设了林权改革机构,它见证着我国林业曲折发展的道路。但从《宪法》《物权法》《民法通则》以及行业法律《森林法》等法律的规定来看,并未使用"林权"。因此,从这个意义上说,"林权"仅是政策上的一个概念,它所包含的子权利包括森林所有权及使用权、林地使用权以及林木所有权等。关于林权的内涵与外延究竟包括哪些内容,学者们的认识也不一致。不能从学理上确认林权的概念与内容,不利于林权制度改革和林业的发展。本书试图在理论上廓清林权基本概念,并以此为逻辑起点,围绕着林权的子权利进行制度设计、条款拟订,并为森林法的修改提供理论支持。

二、文献综述

(一)国内研究现状

1.林权研究的传统思路

传统上对林权进行定位,主要有三种不同的认识:

(1)自然资源使用权说。自然资源使用权,又称"自然资源的使用经营权""财产使用权""资源利用权""自然资源利用权"。"广义的自然资源使用权是指全民所有制单位、集体所有制单位、其他组织和个人依照法律规定,对国家或集体所有的土地、森林、草原以及国家专有的矿藏、水流等自然资源进行占有、使用、收益的权利"①;而"狭义的自然资源使用权仅指国有自然资源使用权,即对国家所有的自然资源进行占有、使用、收益的权利"。学者对于林权的这种定位,一直是主流学说,占据着教科书的主要观点。

(2)准物权说。"准物权"一词来源于日本,我国台湾地区也较多使用该概念。伴随着我国《物权法》的颁布实施和民法典的拟定,"准物权"逐渐发展并成长起来。在对准物权研究过程中,以崔建远教授所著《准物权研究》为代表。他认为,准物权不是像所有权一样属于单一性质的权利,而是由若干权利组成的权利的集合,一般而言,它包括矿业权、水权、渔业权、狩猎权等权利。准物权的产生需要经过行政许可,即准物权以行政主管部门的行政许可为常态。准物权在整个物权体系中居于他物权的地位,并且属于他物权的用益物权,原因是"依照物权法基本理论,这些权利既不属于所有权,也不属于担保物权,更不是依占有而推定的权利,因此将其归入用益物权才妥当"。根据现行森林法的规定,林木的采伐、运输和经营加工都必须得到林业行政主管部门的批准。结合宪法将森林资源等宣示为国家或者集体所有,林权即为准物权的内容之一。

(3)资源权。自然资源占用权、资源权,是最近一些青年学者提出的概念。王全刚博士认为,自然资源占用权的体系主要由矿业权、取水权、渔业权、林业权、驯猎权、空间权、旅游资源经营权和无线电频率使用权构成。金海统博士认为,资源权是指人对自然资源所拥有的权利,它主要由水权、矿业权、林业权、狩猎权、排污权、渔业权所构成;在资源权体系中,林业权简称林权,又称森林资源所有权或者林地使用权,是指法律上的人对森林资源所享有的进行合理利用的权利,它的母权为资源权。林业权的客体是森林资源。作为资源权体系中的一环,林权的内部构造可以分成自然性林业权和人为性林业权:自然性林业权是指法律上的人为了满足人的"自然需要"——生存而对森林资源所享有的合理利用的权利,它是宪法上生存权在森林法领域内的具体化。根据其满足的生存程度差异,又可以分为动物性林业权和社会性林业权。人为性林业权是指法律上的人为了满足"人的需要"——发展而对森林资源享有的进行合理利用的权利。

按照传统的法学研究范式,对新权利的研究,首先对它的性质进行定位,即看其属于现在法律上已经明确的何种权利,然后研究以该权利为内容的社会关系并对新权利探讨,进而法律应当对该权利如何规范。对林权研究的路径,传统法学研究范式之下,是按照"林权→自然资源用益物权→用益物权→物权→财产权"的逻辑结构设立的。这种研究范式,是在传统机械

---

① 金海统:《自然资源使用权:一个反思性的检讨》,《法律科学》2009 年第 2 期。

论的世界观指导下,以"人类中心主义"认识论造成的。具体到环境法、森林法上,则是将人作为法律关系的唯一主体,将包括森林、林木和林地等环境要素视为法律关系的客体,鼓励人仅追求与之直接相关的经济利益。森林等环境要素作为资源性物区别于一般的民法上的物,它既具有经济价值,又具有生态价值与其他非经济价值。对于森林的经济价值,现行的民法、物权法等法律对其归属、利用和交易做了详细完备的规定;对于森林的自身具有的生态价值与其他非经济价值,则由环境法、森林法予以规定。森林的多重价值可以在法律上予以区分,但是在实践上却会遇到阻碍:利用森林的经济价值时,其生态价值与其他非经济价值不可避免地受到影响。而传统的法学研究范式又很难将森林的生态价值与其他非经济价值纳入传统的法律中去,导致从法律上对森林确定归属、利用和交易时,只能将其经济价值作为唯一的衡量工具。对林权研究的传统范式出现了问题,是造成林木被滥伐、森林受到破坏的深层次原因。

2. 林权立法基础构造

(1)价值理念。法的价值理念是理想中价值追求的系统理论和表述,它需要通过具体的环境资源法律制度予以释放、体现和实现。价值理念统领整个法律体系的根本观念,体现该部门法的终极关怀。林权立法构造的价值理念不仅显示了人类对于自身、自然和人与自然关系的理解,也代表着人类对森林资源的体验程度和能力。对林权立法阐述,主要有浙江农林大学周伯煌教授的《物权法视野下的林权法律制度》、福建师范大学张冬梅副教授的《物权体系中的林权制度研究》和福建农林大学胡玉浪教授的《集体林权法律制度研究》等为数极少的专著。这些研究都试图将林权及其子权利纳入物权法的体系范围之内,并没有考虑到"林权"中的"林"既具有经济价值,是民法中"物"的范围,又属于环境法上"环境"的重要组成部分。因此,对林权的立法保护,不仅应当体现民法、物权法"定分止争"理念,更要有"物尽其用"的理念。具体到法律制度设计时,必须做好"林"的经济价值、生态价值与其他非经济价值的沟通与协调。

(2)理论基础。面临环境恶化而传统法律无力应对的局面,人们对物的认识不断深刻,物的内涵亦在不断发展。吕忠梅教授认为,在传统的民法面临挑战时,应当将"环境保护的观念贯穿到私法的立法原则与具体制度中去,对传统的权利体系进行绿化或者生态化,建立环境保护利益和经济利益的平衡与协调机制"。物权法是与环境资源的经济价值、生态价值与其他非经济价值直接相关的规范体系,但是传统物权法并未将生态价值与其他非经济价值纳入其概念中去,这是导致环境问题发生的主要原因,因此物权法的生态化是环境问题得以解决的首要问题。"整合物的经济价值、生态价值

与其他非经济价值,并将环境保护义务纳入物的概念中去",即物权法的生态化是有效解决环境问题的途径。物权法生态化面临的首要任务是对物的重新定义,传统的价值定义法有其存在的必要,彻底打破这种定义方法并不现实;而功能定义法将物的生态功能纳入物的概念中去,可以完成"将公法支配与公法义务摄入物权概念之中"的工作。

3.林权立法的体系构造

(1)林权的性质。众多学者对林权的性质认识并不相同:温世扬教授认为,"林权并不是具体的物权类型,而是涉林物权的统称,包括森林资源所有权、林木所有权、林地使用权、林地承包经营权等具体物权形态,涉及物权体系中的所有权和用益物权两种类型"[1];林旭霞教授认为,"林权是以森林资源所有权为基础,以对特定的森林资源的使用、收益为目的的他物权"[2];李延荣教授认为,"林权仅指林木所有权,只有林木所有权才能涵盖林木的占有、使用、收益和处分权,基于所有权才有对林木的流转权和抵押权"[3];福建农林大学胡玉浪教授认为,"林权是一种复合性权利,主要包括林地所有权、林地使用权和林木所有权"[4]。总体来说,目前我国学者对于林权是自物权还是他物权、是单一性权利还是复合性权利等方面,各自阐述了自己的理由和认识。

(2)林权的内容。温世扬教授认为,它不是"立法用语,但却可从相关法律中寻找依据,涵括森林资源所有权、林木所有权、林地所有权、林地承包经营权等不同权利"[5];林旭霞教授认为,"针对林权的不同客体对象以及不同的利益需求,具体林权分为:林地使用权、林木经营权、森林环境经营权"[6],并不包括"林木所有权";吴勇副教授认为林权是"权利人对森林、林木、林地依法享有的所有权和使用权"[7]。

对于林权的具体内容,大家的看法并不相同。将林木所有权、林地使用权和林地承包经营权纳入林权的范围,是较为一致的看法;而森林资源所有权、森林使用权、林木使用权、森林景观开发利用权(森林环境经营权)、采伐利用权、林下资源采集利用权、补偿权和新物种的品种权则依据学者不同的认识,有着不同的看法。从法律规定来看,宪法与民法规定的"所有权"本质

① 温世扬:《林权的物权法解读》,《江西社会科学》2008年第4期。
② 林旭霞、张冬梅:《林权的法律构造》,《政法论坛》2008年第3期。
③ 李延荣:《浅谈林权制度改革中的"林权"》,《法学论坛》2009年第1期。
④ 胡玉浪:《集体林权法律制度研究》,法律出版社,2012年版,第16页。
⑤ 温世扬:《林权的物权法解读》,《江西社会科学》2008年第4期。
⑥ 林旭霞、张冬梅:《林权的法律构造》,《政法论坛》2008年第3期。
⑦ 吴勇:《林权法律问题探究》,《中国林业》2003年第10期。

的不同,以"森林资源国家或者集体所有权"为基础构建用益物权体系并不恰当;森林使用权、林木使用权是传统法学研究范式之下将"自然资源使用权说"的延伸;林下资源采集利用权、补偿权和新物种的品种权则是森林资源生态价值在法律上的体现,应当属于林权的子权利。

4. 林权的技术构造:思路和具体制度设计

(1)具体思路:就森林资源自身而言,具有经济价值仅是其固有的属性之一,不能排除其固有的生态价值与其他非经济价值。就经济价值而言,物权法可以对其归属、利用和交易进行规定。在范围之内,法律规定是健全的、成熟的。而对于森林资源的生态价值与其他非经济价值,现行宪法、森林法直接规定——归国家或者集体所有,不但囊括了森林资源的生态价值与其他非经济价值,而且还将经济价值包括在内。这直接使得森林法和物权法、民法在经济价值的规定方面存在冲突,也不利于生态价值与其他非经济价值的实现。本人认为,应当在吸收民法基本原则扩大合理解释和行政法"平衡论"的基础上,创新有关制度设计,通过系统性的考虑,把新理念、原则贯彻到其中去,实现法律对森林的生态价值与其他非经济价值保护。

(2)具体的制度设计:个人林木所有权在实现其经济价值时,应当结合管制征收制度,给予林木所有权人适当的补偿以维护生态价值与其他非经济价值;林地承包经营人在行使林地承包经营权时,应当对其进行规制,保障林地不被破坏;森林碳汇权是森林生态价值法律化的实例,应当借鉴西方国家的成功经验,构建适合我国国情的碳汇交易制度;比照合同法的规定,建立森林旅游合同制度。

(二)国外研究现状

1. 对人与森林之间关系的哲学、伦理学研究

从本人收集到的文献资料来看,外国大部分学者将人与森林之间的关系融入人与自然之间的哲学、伦理学研究之中进行研究。法国哲学家施韦兹出版了《文明的哲学:文化与伦理》,提出尊重生命,即敬畏生命的伦理学,为西方生态伦理学奠定了基础;美国环境哲学家泰勒在《尊重自然:一种环境伦理学理论》提出了"生命目的中心",对生命的内在价值做了科学论证;澳大利业哲学家辛格著《动物解放:我们对待动物的一种新伦理学》,认为道德界限划在有感知能力的存在物那里,凡是有苦乐感受能力的存在物都有资格成为道德权利的客体;美国著名生态学家利奥波德提出了大地伦理学,认为将伦理学正当行为的概念扩大到对自然界本身的关心,道德上的权利扩大到自然界,赋予他们永续存在的权利;美国哲学家罗尔斯顿著《哲学走向荒野》《环境伦理学》《保护自然价值》等,建立了现代生态伦理学的科学体系,阐述了生态规律转化为道德义务的必要性、自然价值的客观性与主观

性的统一以及自然界的权利。

2.林权体系构造的主要观点

域外的相关法律制度中没有相应的法律术语与"林权"相对应。对于本书中林权子权利中林木所有权、林木的担保物权和用益物权等内容,散落于不同的法律之中予以规范。这里主要介绍日本和德国的森林法中的关于森林、林地和林木的有关规定。

（1）日本。①所有权。日本《森林法》规定,森林分为国有林和民有林,民有林又细分为公有林和私有林;"由于日本实行的是土地私有制,在没有特殊说明的情况下,森林的所有权就包含了林地的所有权"[1]。②用益物权。日本民法上的用益物权有三种:以建筑房屋或所有竹木为目的利用他人土地的地上权;为种植农作物而利用他人土地的永佃权;为自己土地利用之便利而利用他人土地的地役权。③担保物权。担保物权:以林木、林地为内容的优先权、质押权和抵押权规定较为丰富。

（2）德国。①所有权。德国的林业所有权分为三种类型:国有林（由国家和州所有）、社团公有林（受公法约束的法人社团所有）、私有林。②用益物权。《德国民法典》第一千零三十八条规定:森林为用益权标的物时,所有权人和用益权人均可以要求以经营计划确定收益范围和经营上的处理方法。在情况发生重大变化时,任何一方当事人均可以要求适当变更经营计划。其费用由双方当事人各负担一半。此为森林采伐用益权。③担保物权。德国的林业担保物权主要体现在林地为内容的担保物权。《德国民法典》第一千一百二十条规定:"在从土地分离的出产物和其他组成部分未在分离当时根据第九百五十四条至九百五十七条的规定归所有权人或者土地的自主占有人以外的其他人所有的范围内,抵押权扩及于从土地分离的出产物和其他组成部分,以及除不归土地所有权人所有的从物以外的从物"[2]。

三、研究思路和研究方法

（一）研究思路

本书拟对林权的立法构造做一系列论述。首先阐述在传统法学研究范式之下林权立法存在的问题,然后从法哲学——价值理念角度认识林权,接着从法学基础理论上,从体系的角度构造林权的诸多子权利,最后阐述林权立法构造的具体技术路径——森林法修改中的具体制度设计。具体如下所示:

---

[1] 杨桂红:《林业物权制度比较研究》,北京林业大学博士论文,2012年,第89页。
[2] 杨桂红:《林业物权制度比较研究》,北京林业大学博士论文,2012年,第103页。

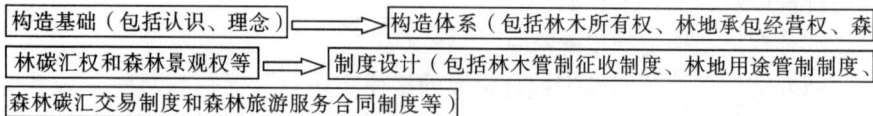

构造基础（包括认识、理念）➡️ 构造体系（包括林木所有权、林地承包经营权、森林碳汇权和森林景观权等）➡️ 制度设计（包括林木管制征收制度、林地用途管制制度、森林碳汇交易制度和森林旅游服务合同制度等）

（二）研究方法

本书在阐述林权时,将采用以下三种方法:

（1）比较分析法。对林权进行立法构造必须考察它的哲学基础,即存在于人的思维中人与自然之间的关系。对于人与自然之间的关系,有两种不同的认识——人类中心主义哲学观与非人类中心主义哲学观,然后分而引起两种立法理念。森林遭到破坏、环境恶化以及生态安全受到威胁即为原有的立法理念出现了偏差,应当对原有理念进行修正,才能够缓解上述问题。采取比较分析的方法,探寻适合我国国情的林权制度。

（2）规范分析法。林权的概念和制度构建是本书的主要内容,必须对现有法律文件及各种著作进行规范分析,借助公私法理念的更新以及公私法融合的趋势,把握与林权立法构造的内在联系,运用法学基本理论展开林权立法研究,使林权制度的构建有助于协调其包含的经济价值、生态价值与其他非经济价值,规范现实的林业生产活动。

（3）实证分析法。实证分析可以增强人们对有关论点的可信度,从而接受本书提出的相关观点,因此论述时离不开实证分析的方法。在对林权进行立法构造时,应当结合我国林权改革中出现的各类问题,借助法学基本理论,有助于集中林权研究的焦点,增强论述的说服力。

四、篇章结构

"构造"意为"各个组成部分的安排、组织和相互关系"。本书以"林权立法构造"为题目,意图论述林权在立法时,不仅关注制度设计、条款拟订,更应当关注这些制度设计、背后的立法理念乃至对立法理念有指导意义的人与自然关系的认识。本书在论述时,从对人与自然之间的关系、立法理念等最基础的层次出发,然后论述从理论上来说林权的体系包括哪些内容,最后细化到对林权的制度设计。具体内容包括:第一章对现阶段林权立法构造的法学困境,指出从传统的法学研究范式出发,林权被定位为自然资源使用权、准物权和资源权等三种观点。在传统的研究范式之下,以上观点仅有名称的不同而无实质的差别,存在着人与自然关系的认识的局限、研究范式的固化和行政立法模式下的利益部门化等缺陷。第二章阐述林权立法构造的基础,即人与森林之间应在和谐的关系指导下,借助哲学转向和公私法理

念的更新,对林权立法的理念进行构造:原来对林权进行立法构造,仅是追求森林资源的经济价值。正是这种价值追求的单一性导致森林资源不断受到破坏并出现了环境问题。随着时间的推移,森林资源生态价值、审美价值、文化价值和宗教价值等多重价值逐渐被人们认识并为法律所承认。价值的多重性不但要求私法将经济价值作为保护森林资源的价值追求,也需要借助公法森林的其他价值作为保护的目标,更离不开公私法融合领域——环境法理念的指导。第三章从林权体系的角度进行构造:首先对林权的概念性质进行论述,指出林权本是集束性权利,包括林木所有权、林地承包经营权、森林碳汇权和森林景观权等权利,在经济价值与生态价值与其他非经济价值沟通与协调的前提下,对上述权利进行论述。第四章对林权进行立法的制度设计:从对林木所有权的管制征收、林地承包经营权用途管制、森林碳汇权交易、森林旅游服务合同等制度设计的角度,协调林权中经济价值、生态价值与其他非经济价值的冲突。

第一章

问题的提出：林权立法构造的困境

"林权"不是法学领域内典型性权利，对它的研究并没有得到主流法学界的青睐。由于森林在环境保护中发挥着越来越重要的作用，而原有法律规定的权利义务分配、制度设计被证明并不利于环境保护。因此国家提出了"林权"这一完全本土化的术语，并寄希望通过"林权改革"来实现环境保护的目的。按照传统法学思维，"林权"中的"森林""林木"以及"林地"，都属于自然资源的组成部分，当然应当以民法理论为基础对其进行研究。关于林权性质的研究，学术界主要有三种观点：自然资源使用权、准物权和资源权。但是这种以现有民法理论为基础的传统法学思维，并不利于"林"的生态价值与其他非经济价值的实现，从而达到环境保护的目的。

第一节　传统林权立法构造对林权性质的定位

对权利传统的研究思路，一般是首先定位该权利的性质，即"定性"之后，再从应然的角度上探讨它包括哪些内容、如何具体的制度设计，林权的研究也不例外。关于林权性质的定位，学者们主要有三种观点：自然资源使用权、准物权和资源权。这种性质的定位，无疑仅关注林权包含的经济利益，并不利于林权的立法目的的实现。

一、自然资源使用权

（一）将林权归属为自然资源使用权

由于"林权"并非独属于民法领域内典型的权利，民法学界对"林权"的专门探讨少之又少。但是基于民法学思维,"林"常常被理解为"森林""林木"和"林地",这些又是"森林资源"的组成部分,而"森林资源"又是只能归属于国家或者集体所有而个人并无所有权,因此,在"自然资源"研究的范围内,以"国家或者集体所有权"为基础,将其归为"自然资源使用权"范畴研究便顺理成章。

就"自然资源使用权"的名称而言,学者们对它的称谓并不一致。有的学者称之为"自然资源的使用经营权①""资源利用权②""自然资源利用权③",等等。虽然称谓并不相同,但是其本质并无二致:建立在国家或者集体对各类自然资源(当然包括森林资源)拥有所有权的基础之上,所有权人对其行使占有、使用、收益的权能。一般而言,自然资源使用权的特征具有以下特征:第一,主体的广泛性。凡是民事主体均可成为自然资源使用权的主体。之所以主体具有广泛性,是因为社会成员的生活、生产均无法离开土地、水、森林等自然资源。虽然法律把自然人排除在土地、水、森林等自然资源的所有权之外,但是不能排除对自然资源的占有、使用和收益权能。第二,客体的特定性。自然资源使用权的设立,可以说是"具有中国特色的"物权制度。在我国,《宪法》第九条规定自然资源只能归属国家或者集体所有,为了充分利用"矿藏、水流、森林、山岭、草原、荒地、滩涂等自然资源",学者们便以此为基础与民法结合设计了用益物权制度。第三,自然资源使用权取得方式的特定性。由于自然资源所有权主体具有相对确定性,因此法律主体在自然资源使用权取得方式一般是基于法律的规定:划拨、承包或者出让等方式。

依据自然资源客体的不同,学者们将自然资源使用权分为土地使用权、矿产资源使用权、森林资源使用权等("森林资源使用权"则与本书论述"林权"具有一定的重合性)。它是"中国民法学者基于自然资源公有的社会现实而创造的一种新式物权理论"④。该理论不但在我国民法学界一直居于主流范式的地位,而且也获得了经济法学界的广泛接受⑤。以该理论为基础,

---

① 江平、张佩霖:《民法教程》,中国政法大学出版社,1992 年版,第 167 页;王利明:《民法》,中国人民大学出版社,2000 年版,第 211 页。

② 高富平:《土地所有权和用益物权》,法律出版社,2001 年版,第 483 页;关涛:《我国不动产法律问题专论》,人民法院出版社,1999 年版,第 481 页。

③ 张洪波:《自然资源利用权对民法物权理论的发展》,《烟台大学学报(哲学社会科学版)》2004 年第 2 期。

④ 金海统:《资源权论》,法律出版社,2010 年版,第 9 页。

⑤ 以自然资源使用权为基础,大多数经济法教材设置了"自然资源使用权法律制度"篇章,包括森林资源法律制度等内容。

在立法上基本上形成了以《宪法》《物权法》《民法通则》为主干,以《森林法》等为分支和相关司法解释为补充的较为完整的自然资源使用权的立法体系。

(二)将林权归属为自然资源使用权的评述

自然资源使用权是在自然资源归属国家或者集体所有,其他民事主体不能拥有自然资源所有权的国情下,所有权部分权能与所有权分离的基础上、借以构建用益物权制度而产生的。这种理论看似完全符合权利构建的基本路径,但是仔细分析,仍然有以下问题值得思考:

1.宪法上的"所有权"是否完全等同于民法、物权法上的"所有权"?

"所有权"有着广泛的使用范围,它不仅是私法领域内最基本的词汇,在公法领域的使用也非常频繁。稍作深入思考:在法学领域私法上"所有权"是否就等同于公法上的"所有权"呢? 答案是否定的。以"森林资源"为例:《宪法》《物权法》《森林法》都规定了森林资源只能归属国家或者集体所有[①];《森林法实施条例》规定林木属于森林资源的一部分[②];按照典型的三段论推导方式,很容易得出:林木只能属于国家或者集体所有的结论。但是《森林法》规定林木可以归属个人所有[③],并且在现实生活中个人也完全可以对自己种植的林木享有完全私法意义上的所有权。很明显,"森林资源所有权只能归属国家或者集体所有"与现实法律规定、实践出现了矛盾。

究其矛盾出现的原因,宪法上的"所有权"并不等同于民法、物权法上的"所有权"。"在立法上我国有和德国法旨趣极为近似的宪法所有权和民法所有权之区分:宪法上的'所有权'注重的是所有权取得的资格,是不能指向具体客体的。就算自然人没有任何财产,也不会丧失这种资格;民法、物权法上的'所有权'则是以具体的物为中介而形成的人与人之间社会关系的表现,若不能指向具体的物,所有权则无法实现"。[④] 因此,"以宪法中关于所有

---

① 《宪法》第九条规定:"矿藏、水流、森林、山岭、草原、荒地、滩涂等自然资源,都属于国家所有,即全民所有;由法律规定属于集体所有的森林和山岭、草原、荒地、滩涂除外。"《物权法》第四十八条规定:"森林、山岭、草原、荒地、滩涂等自然资源,属于国家所有,但法律规定属于集体所有的除外。"《森林法》第三条规定:"森林资源属于国家所有,由法律规定属于集体所有的除外。"

② 《森林法实施条例》第二条规定:"森林资源,包括森林、林木、林地以及依托森林、林木、林地生存的野生动物、植物和微生物。"

③ 《森林法》第七条规定:"国家保护承包造林的集体和个人的合法权益,任何单位和个人不得侵犯承包林的集体和个人依法享有的林木所有权和其他合法权益。"

④ 徐涤宇:《所有权类型及其立法结构》,《中外法学》2006年第1期。

权归属国家或者集体所有为基础,构建用益物权之自然资源使用权的基础并不牢固"①。

2. 自然资源使用权是否背离了用益物权的"客体"与"内容"？

就性质而言,自然资源使用权属于"是在他人的所有物上形成的,仅有使用和收益权能的不完全物权,属于物权法上的用益物权"②;即使在主体、客体或者效力范围等方面的特殊性使其与传统的用益物权显得不典型,"但是并不妨碍它成为用益物权的一分子"③;有的学者还认为它是以不动产为客体的用益物权④。

"用益物权的标的仅以不动产为限。于动产不得成立用益物权"。⑤ 作为自然资源使用权的客体,或者埋藏于地下,或者存于水中,或者长于土地之上,都归为不动产确实勉为其难。以林木为例,我国将林木归结为"定着物"附着于土地之上属于典型的不动产。本人认为,将所有林木认定为不动产并不合适;第一,在现有技术条件下,按正确的操作规程,林木发生位移上的改变,完全可以避免林木的死亡;将物理上的动与不动作为划分动产不动产的标准,只不过是和人们的价值观念产生了耦合;第二,林木发生位移上的改变后,其价值不会明显的减损。"价值"本身即为主观性评价,并且其内涵在不断地发展之中,无法用具体的数额进行衡量。"就林木本身而言,发生位移上的改变后,林木即使被修剪、整理,基于自身的属性林木可以恢复到原来的价值。"⑥对照其他大陆法系国家的规定,将林木归为不动产并不是很多。也就是说,林权的客体是否属于不动产是有争议的,若不属于不动产,用益物权制度自然发生坍塌。

"以物之使用、收益为标的的他物权,即系就物之实体、利用其物,以其使用价值之取得为目的之权利。"⑦因此,用益物权的权利内容仅以使用、收益为限,不具有对标的的处分权。但是自然资源使用权在行使过程中,其客

---

①　金海统副教授认为储存性自然资源国家所有权本质是"主权";流动性的自然资源国家所有权是"准主权"。虽然和徐涤宇教授的认识并不一致,但是都说明:宪法上的"所有权"并不等同于民法、物权法上的"所有权"。

②　江平:《民法学》,中国政法大学出版社,2000 年版,第 402 页。

③　魏振瀛:《民法学》,北京大学出版社、高等教育出版社,2000 年版,第 257 页;吕忠梅:《环境与资源保护法学》,中国政法大学出版社,2005 年版,第 191～207 页。

④　李开国:《民法基本理论研究》,法律出版社,1997 年版,第 285 页;屈茂辉:《用益物权制度研究》,中国方正出版社,2005 年版,第 11 页。

⑤　王泽鉴:《用益物权·占有》,中国政法大学出版社,2001 年版,第 118 页。

⑥　刘先辉:《生态理念下森林分类经营的法律规制》,《宁夏社会科学》2013 年第 4期。

⑦　史尚宽:《物权法论》,中国政法大学出版社,2000 年版,第 14 页。

体不可避免地会减少,否则其内容便无法实现。将林权归为自然资源使用权之列,其内容之一便是将林木采伐后重新利用,直接后果是原有林木不再存在。用益物权的客体不复存在,何以设置用益物权?

二、准物权

(一)将"林权"归为"准物权"

"准物权"来源于日本的法律规定。1910 年,日本对制定于 1901 年的《渔业法》进行全面修改时明确提出了"准物权"。该法第七条规定"渔业权视为物权,准用土地有关的规定"①,然后被当时的民国政府所借鉴。改革开放后,"准物权"进入民法学者视野,研究得以逐步深入。

准物权区别于一般物权之处在于其客体的特殊性。一般物权客体具有相对恒定性,在占有、使用、收益和处分过程中不发生明显的消耗;而设立准物权的原因之一就在于某些客体在占有、使用、收益和处分过程中被消耗直至于殆尽。这类客体的特殊性是确立准物权概念的前提之一。"它不是属性相同的单一权利的称谓,而是一组性质有别的权利的总称。"②与传统物权相比,准物权有如下特征:"第一,客体上,准物权主要是针对公共物品来设立的,而传统物权通常则是针对非公共物品来设立的;第二,准物权往往要通过申请加批准程序,而传统物权往往是通过法律行为、取得时效等方式来实现物权的取得与变更;第三,立法内容上,准物权通常会有强制性的规范,而传统物权大多数是任意性规范;第四,立法归属不同,准物权往往依靠行政法与民法及二者的配合,而传统物权往往依靠民法。"③

林权是指法人、公民依照法定程序取得的采伐林木获得收益的权利,它以采伐申请人取得采伐许可证为要件,并以采伐许可证规定的内容为根据。关于林权的法律规定,集中表现于《森林法》《森林法实施条例》规定之中④。就林权的客体而言,主要是森林、林木,表现为一种可消耗物,即采伐后便不存在;它的取得以林业行政主管部门做出的行政许可为准;对林权的规范大多以强制性为主;因此,得出"林权"属于"准物权"的结论。

---

① 许剑英:《渔业权之侵害与救济》,台湾海洋大学海洋法研究所硕士论文,1991年,第 8~9 页。

② 崔建远:《准物权研究》,法律出版社,2003 年版,第 20 页。

③ 吕忠梅、崔建远:《准物权与资源权:民法与环境法学者的对话》,中国民商法律网 http://www.civillaw.com.cn/Article/default.asp?id=27160。

④ 张俊浩:《民法学原理》,中国政法大学出版社,2000 年第 3 版,第 397 页。

(二)将"林权"归属"准物权"的评述

1.将"林权"归属"准物权"存有争议

崔建远教授认为,准物权由矿业权(mining right)、水权(water right)、渔业权(Fishery right)和狩猎权(hunting rights)等权利组成,并没有将"林权"纳入"准物权"中去;而张俊浩教授将其归为"准物权"的范围之内。可见,"林权"能否归属为"准物权",认识上并不统一。

2.将"林权"归属"准物权"理由并不充分

"准物权"之所以称之为"准",与传统用益物权最大的不同在于客体:用益物权人在对客体占有、使用和收益时,不涉及对客体的消耗性使用,即在用益物权人行使用益物权时,其客体是一直存在的;但准物权则不同,准物权人行使权利后,其客体即不复存在。例如矿业权,经过国家的许可之后,矿业权人在取得该权利后,权利人就开采的矿产资源拥有所有权,经过工业作用下使得物质和能量得以循环,从而使得矿产资源的原始形态不复存在;其他准物权的客体例如水、渔业、狩猎的动物等等莫不如此。但是"林权"中"林"内涵的多样性决定了它的客体是复杂多样的[①]:不仅包括林木,而且包括森林、林木等。我们姑且认为"林木"具有可消耗性,但是"林地"却是非消耗性的,因此"林权"客体的复杂性决定了将其归为准物权并不合适;此外,准物权仍将国家对自然资源的所有权作为其设立的前提,即其"母权"仍为"自然资源所有权"。虽然宪法、森林法都规定了"森林资源归属国家或者集体所有",但是森林法又明确规定林木——这一森林资源的组成部分,完全可以归属个人所有,因此在个人所有权之上设定准物权,显然违反常识。因此,将林权归属为准物权的范围之内是值得商榷的。

三、资源权

(一)将"林权"归属为"资源权"

资源权是人对自然资源拥有的权利,具体是指法律上的人对自然资源所享有的进行合理利用的权利[②]。在这一定义下,资源权有如下特征:

(1)资源权是人的权利。生态中心主义哲学将"资源权"解释为"资源本身所享有的权利",不具有可操作性,现阶段并不可取,完全从人类中心主义哲学角度出发则会造成人与自然的对立。因此,应当奉行修正人类中心主

---

① 虽然对林权客体的认识并不统一,但是学者们都认为林权的客体是多样的,其中林木仅是其中之一。

② 金海统:《资源权论》,法律出版社,2010年版,第87页。

义哲学,认为"资源"的"健康安全"对于人类的生存和发展至关重要①,仍属于人"对资源的权利"。

(2)资源权是合理利用自然资源的权利。资源权人是对自然资源的利用,"既包括了传统上的对自然资源经济价值的支配,亦蕴含了对自然资源生态价值的发掘,更包括了对自然资源的美学价值、精神价值等价值形态的实现"②。这种合理利用"既包括利用方式上的妥当性,也包括数量上的适宜性,还包括利用目的上的正当性和利用进程上的可持续性"③。

(3)资源权是集合性权利。资源权不是单一权利的称谓,"它是一个抽象的属概念,包括水权、矿业权、渔业权、狩猎权、排污权和林业权等一系列权利,本质上是以自然资源为中心的权利束,一切因自然资源的利用而产生的权利"④。

(二)将"林权"归属为"资源权"评述

1.将"林权"归为"资源权"具有一定的合理性

资源权"成长于修正的人类中心主义土壤,导因于法律规制动物人、社会人和幸福人的制度配置要求,实质上是人对自然资源所享有的进行合理利用的权利"⑤。运用传统的用益物权理论和新型的准物权理论解释林权,都是建立在人类中心主义价值观的指导之下在民法、物权法上的反映,无法摆脱法律上对"林权"中"林"的经济价值的重视、对"林"生态价值与其他非经济价值的忽视。因此两者在制度构建时,只能将能够成为物权法律关系客体——物纳入保护范围之内,否则只能游离于法律之外,或者不得不借助于抽象法律原则、法律条文的扩大解释实现立法者的目的,并不能全部实现生态价值与其他非经济价值的保护。只有修正人类中心主义价值观,尊重自然、保护自然,从整体主义的角度确定"林权"的归属,才能实现生态价值与其他非经济价值的保护。资源权在一定程度上修正了人类中心主义价值观,从内部构造上将权利内部构造为自然性权利和人为性权利:自然性权利是为了满足人的"自然需求"——生存而对自然资源所享有的进行合理利用

---

① Jame Rasband,Jame Salzman,Mark Squillace,Natural Resources L aw and Policy,Foundation Press,2004,p.11.

② 金海统:《论资源权的法律构造》,《厦门大学学报(哲学社会科学版)》2009年第6期。

③ 金海统:《论资源权的法律构造》,《厦门大学学报(哲学社会科学版)》2009年第6期。

④ 金海统:《论资源权的法律构造》,《厦门大学学报(哲学社会科学版)》2009年第6期。

⑤ 金海统:《资源权论》,法律出版社,2010年版,第210页。

的权利;人为性权利是为了满足人的"人为需求"——发展而对自然资源所享有的进行合理利用的权利。其实,对于生态价值与其他非经济价值的保护,正是为了人类整体的"自然需求"——生存。森林、林木等林权的客体属于自然资源的重要内容,既具有经济价值,又具有生态价值与其他非经济价值,诸多价值都是人类生存、发展不可或缺的,忽视任何价值的保护都将导致人类生存与发展的障碍。因此,将"林权"归属为"资源权"具有一定的合理性。

2."资源权"的内部构造的模糊性不利于"林权"的立法构造

"资源权"从内部构造上来说,可以分为自然性资源权和人为性资源权①:自然性资源权具有利用的合理性、取得的自由性、客体的差异性以及身份性等特征;人为性资源权则具有取得的许可性、财产性、利用的合理性等特征。对比上述两者之间的区别,似乎两者之间从理论上容易分清,但是实践上尤其是在法律上区别开来并非易事。对于林权立法而言,将自然性林权的主体仅局限在"依山而居、靠山生活的山区居民与生活在林区的土著",显然违背了法律的平等性。其他社会主体为了生存同样需要"自然性的林业权";人为性的林业权"旨在满足森林资源商业化利用而产生的权利",需要得到森林资源所有人的许可,并有时间的限制、具有可交易性等,都是为了满足人的"人为需求"——发展,但是如何在现有条件下从法律上分清"生存"与"发展"之间的区别?如果不能做有效区别的话,如何进一步构建具体的制度?因此,资源权内部构造的模糊性需要进一步开展研究,使得从内部构造的角度对林权立法变得举步维艰。

第二节 传统林权立法构造的法学困境

对林权性质的定位虽然有各种观点,但是都没有逃脱出从民法的角度进行研究的窠臼。民法调整的主要是一种财产关系,只有纳入民法"物"的范围、具有经济价值,才能成为它的规范对象。不属于财产关系、不能纳入"物"的范围、不能用经济衡量的其他价值是无法用民法手段保护的。本人认为,除此之外,林权立法构造的困境,还有更深层次的原因:

---

① 金海统:《资源权论》,法律出版社,2010年版,第111页。

一、人与自然关系认识的局限

哲学是一切科学的科学。作为社会科学之一,哲学也是开展法学研究的基石。正如美国法理学家 Friendmann 所说:"一切法理论都包含哲学要素——人们应对于其应宇宙中所处各种地位的反省。"①就法学整体而言,法学制度的实施和法学理论的开展,与哲学思考本身有极大的关系。就林权而言,不论是将其归为自然资源使用权,还是归为准物权、资源权,都是人们就哲学认识不断深化的结果。

"人与自然之间的关系"是哲学上古老而又常新的命题。在人类历史的长期发展过程中,对于"人与自然之间的关系"认识上,亦经历了不同的阶段。

(一)人类自然观的演变历程

人类自然观是人们对自然界的看法、观点、观念的总和。导致环境恶化并且危及人类生存的原因很多,其中原因之一即为人类与自然之间关系的定位产生了问题。就人与自然之间关系的定位而言,迄今为止经历了三个历史阶段和三种观念②:

1. 畏惧、崇拜自然阶段

在古代,由于生产力水平低下和科学技术不发达,人对自然的认识处于蒙昧阶段。除了不得不直接依靠简单的工具从大自然获得必需的生活资料维持生存之外,人类还要承受自然界带来的各种威胁。虽然和自然的相处阶段中取得过一些胜利,但是始终无法摆脱对自然的畏惧。这种对自然畏惧进行思维的原始成果就是万物有灵、对自然的崇拜。在这一阶段,自然就是一个巨大的生命共同体,人类只不过是这个共同体中的一环,不仅没有丝毫的高级性和优越性,却对其他生命体充满了畏惧和崇拜。这种习惯在一些少数民族地区至今还存在着广泛的影响。例如哈尼族将紧紧围绕着村寨四周的密林作为自己村寨的神林,禁止在这些区域内进行砍伐和耕种,全村人员不得随意进出神林,以免触犯神灵③;侗族有着"树木是主,人是客"的独特生态理念,在本族的《人类起源歌》中将由树蔸、白菌生成的山林视为人类

---

① [美]W. Fiendmann:《法理学》,杨日然等译,台北司法周刊杂志社 1984 年版,第1页。

② 吕忠梅:《环境法新视野》(修订版),中国政法大学出版社,2007 年版,第 24 页。

③ 马岑晔:《哈尼族习惯法在保护森林环境中的作用》,《红河学院学报》2010 年第1 期。

的本源、母体①；仡佬族认为竹是和本族生命相连的植物，对竹的虔诚崇拜成为他们共同的法文化心理②。

总体来说，在此阶段，人类知晓自身不同于动物、植物及其他生物体，从没有甚至不敢将自身凌驾于自然之上。受到生产力发展水平、智力状况等多个因素的制约，人类根本无法认识到自身发展后足以抗拒大自然。因此，自然界的各种现象经过他们思维后，其原始成果只能归结到"神"那里，人的活动只能顺应自然，并与自然(当然包括森林)的关系处于原始和谐状态。

2. 无视自然、主宰自然阶段

欧洲的文艺复兴、启蒙运动不但沉重打击了神学、等级特权、君权至上等为特征的蒙昧主义，而且还促使人类开始重新认识自己，极大地解放了人性。正是人认识到了自身意义所在，激发了人类进行各类创造的积极性、主动性。新生产工具的改进，新动能和新技术的不断采纳，以蒸汽机、电力技术广泛采用为标志的前两次工业革命，极大提高了生产的发展，人类迅速摆脱了在自然面前卑微的地位，它像一个加速器一样，改造自然的步伐一日千里。正如马克思所说，资产阶级在它不到一百年的阶级统治中所创造的生产力，比过去一切世纪创造的全部生产力还要多、还要大。人类在享受生活便利、沉湎于对自然取得胜利之时，自然也以自己特有的方式报复人类：环境污染、资源破坏等都在无时无刻不构成对人类的威胁，人类不得不反思自己对待自然的态度。

工业革命提高了人们的生活水平，多数人的生活方式、观念也在悄然发生着变化。生活方式、观念的变化，直接引起人与自然之间关系的演变：第一，近现代哲学的形成。"在此阶段，人们对知识观念热烈崇拜与无限追求，导致科技万能、知识观念的万能。但是由于对知识观念的崇拜仅局限于数学、自然科学的模式，导致了近代哲学中人与自然对立的对象性思维、人类中心论的兴起。"③培根的"知识就是力量"，笛卡尔的"理性法庭"，康德的"人为自然立法"，直至黑格尔的"绝对理性"，无不洋溢着对人类自身精神力量的自信与对知识的崇拜。第二，对近现代哲学的质疑。第二次工业革命在继续为人们带来福祉的同时，冲突、战争和灾难如同打开的潘多拉盒子一样出现，哲学家们不得不重新反思自身和人与自然之间的关系：近代形而上

---

① 朱慧珍、张泽忠：《诗意的生存——侗族生态文化审美论纲》，民族出版社，2005年版，第49页。

② 刘雁翎：《正安仡佬族环境习惯法的调查》，《贵州民族学院学报（哲学社会科学版）》2012年第4期。

③ 章忠民：《三次工业革命与哲学发展转型》，《福建论坛（人文社会科学版）》2013年第5期。

学所推崇的理性只不过是工具理性,"它的思维对象——自然界的各类事物(当然包括森林),经过逻辑的抽象、推演便遭肢解,而被撕成概念的碎片。与自然相对抗的文明最终的代价就是自身生存根基的失缺和精神家园的失落,必须对这种人与自然之间的关系进行改变"①。

3. 重视自然、与自然和睦相处阶段

以信息技术为标志的第三次工业革命缩短了地球的空间距离、解放了人的大脑,但是人不得不面临工业文明造成的资源濒临枯竭、生存环境不断恶化的危机。这就迫使人们重新构建自身以及自身与自然之间的关系:人类只不过是地球生态系统中的富有智慧的普通成员,毁坏自然就等于毁灭自己;人类在寻求发展、改造自然的时候,必须纠正以自然主人自居的错误观念,自觉约束自己、尊重自然和自然规律,真正建立一种既符合人类可持续发展的主观需要,又符合生态环境自然客观规律要求的、现代化的、人与自然的新型关系——平等、和睦、协调、统一、相互尊重的关系②。

对人与自然关系的重新认识,终于使得近现代哲学在盛极之后走向了开始衰退的道路:海德格尔在继承尼采以来对科技危害性进行尖锐批判的基础上,坚决抵制工业文明的无限扩张,并告诫世人在工业文明基础上产生的近代哲学其根本性的特征就是对象化,将一切都置于主客对立之中的表象性思维之中,由此而来的就是人与自然的对峙、人与自身的异己。"哲学达到了最极端的可能性,哲学进入其终结阶段了。"③

(二)"人类中心主义"下的人与森林之间关系

"人类中心主义"哲学观有着悠久历史传统。自人类社会走出蒙昧时代,特别是自工业革命以来,这种哲学观逐渐占据主要位置并至今还发挥着主导作用。关于"人类中心主义",理论界普遍共识性定义主要包括以下内容。《韦伯斯特新世界大辞典》认为它包括下面两个方面的含义:"一是把人视为宇宙中心实体或者目的;二是按照人类的价值观来考察宇宙中的事物。"④美国学者 Susan J. Armstrong 认为:"人类中心主义就是认为伦理原则

---

① 章忠民:《三次工业革命与哲学发展转型》,《福建论坛(人文社会科学版)》2013年第5期。

② 吕忠梅:《沟通与协调之途——论公民环境权的民法保护》,中国人民大学出版社,2005年版,第31页。

③ 孙周兴主编:《海德格尔选集——哲学的终结和思的任务》,上海三联书店出版社,1997年版,第1244页。

④ 余谋昌:《生态哲学》,陕西人民教育出版社,2000年版,第140页。

只适用于人类,人类的需要和利益是至高无上的,甚至是绝对的。"①澳大利亚环保主义者 J. Seed 认为,人类中心主义就是人类沙文主义,与性别主义相类似,人是生物的君主、一切价值的来源和万物的尺度,这一观念深植于人类文化和意识之中②。David Pepper 认为,人类中心主义是一种把人类置于一切生物的中心的世界观(它被大多数西方人视为当然),把人视为一切价值的来源,原因是价值概念是人创造的,只有人才能把价值赋予自然的其他部分③。

在"人类中心主义"哲学观的指导之下,人与自然之间的关系当然被视为一种支配与被支配、需要与被需要、主导与被主导的关系,人对自然中存在的动物、植物及其他生物不负有道德、法律上的责任,它们因为人的需要才具有价值。正如古希腊哲学家普罗泰戈拉所讲:"人是万物的尺度,是存在者存在的尺度,也是不存在者不存在的尺度。"④亚里士多德认为:"植物的存在就是为了动物的降生,其他一些动物又是为了人类而存在,驯养动物是为了便于和作为人们的食物,野生动物,虽非全部,但是其大部分都是作为人类的美味,为人类提供各种衣物以及多种器皿而存在。如若自然不造不全之物,不做徒劳无益之事,那么它是为了人类而生了所有动物。"⑤作为自然的一部分,森林没有逃离以这一哲学观为指导而制定制度形成的桎梏:狭隘的森林价值观,对经济利益的关注。

1. 狭隘的森林价值观

"人类中心主义"哲学观从人与自然的对立出发,把人与自然之间的关系归结为人与人之间的关系,把人对自然之间的伦理简单看成人类伦理的延伸;人是生态系统的中心,承认自然物只具有满足人的需求的工具性价值而无内在价值。"人类中心主义"者也可以写出环境哲学著作来,承认自然事物除了具有经济、生态等多重价值,但是他们会坚持认为这些多重价值归根结底是属于人的价值,不是自然事物本身的价值。

森林是人类文明的摇篮。除了提供最初的生存场所、食物的来源等经

---

① Richard G. Botzler&Susan J. Armstrong, eds. Environmental Ethics:divergence and Convergence, Mcgraw-hill, inc. , 1993, p275.

② J Seed, Anthropocentism in Devall & Session, Deep Ecology, January 1989, p.143—246.

③ David Pepper, modern Environment:An Introduction, Routledge, 1996, p328.

④ 北京大学哲学系编:《西方哲学原著选读》(上册),商务印书馆,1983 年版,第 54 页。

⑤ 苗力田主编:《亚里士多德全集》(第 9 卷),中国人民大学出版社,1994 年版,第 17 页。

济价值之外,森林还为提供生命支撑价值、消遣价值、科学价值、审美价值、基因多样化价值、历史价值、文化象征价值、宗教价值①等,为人类的生存和繁衍、文明的生生不息提供了极大的帮助。但是这些在"人类中心主义"哲学观里仅是工具性价值而非目的性价值,有而且只有"人"才是具有目的性价值,构成"主客二分"中的唯一主体,森林只能是客体,属于人类作用的对象。从本质上来看,森林"这些自然事物在人类之前就已经存在了。这个可贵的世界,这个人类能够评价的世界,不是没有价值的;正相反,是它产生了价值。在我们所能够想象到的事物中,没有什么比它更接近终极存在"。②更为重要的是,森林创造了地球上适宜生命生存的条件,创造了地球基本生态过程、生态系统和生物物种,表明森林及其附着生物按照客观规律在地球上的生存是合理的、有意义的,不依赖人类的主观评价而独立存在,具有内在价值。这一点恰恰被"人类中心主义"哲学所忽视。

2. 对经济利益的关注

在社会科学领域,每一个相对独立的学科都有其自身的理论体系,而这个理论体系则是由多个逻辑推导链所构成的"逻辑推导网"组成。在诸多的推导链中,必须有若干个具有终极意义及基石地位的、不需要被推导、论证的"原生性判断"。"在社会科学中,我们看到的只是假设之网。"但是这个"原生性判断""假设"绝非主观臆断,而是建立在一定的事实和观察之上的。"人类中心主义"哲学观指导下,是将人性预设为"经济人"之上来构建理论和实践系统的。所谓"经济人",就是"设法使自己的利益得到最大满足的人,或者追求效用最大化的人"③。在其倡导者——亚当·斯密看来,"经济人"把任何社会性的合作活动都视为满足自己需要的手段,追求自我利益的最大化。在这种观念下,社会中的人最大的享乐就是物质生活条件的不断提高,将获取现实中与人直接相关的经济利益作为唯一目的。"这种简单化的思维方式排斥人的其他利益需求和价值取向,忽视社会公平和社会整体价值,更否定自然环境对于人类生存的其他价值,不可能将环境保护纳入自己的认知体系。"④

---

① 〔美〕霍尔姆斯·罗尔斯顿:《环境伦理学》,杨通进译,中国社会科学出版社,2000 年版,第 3~15 页。

② 〔美〕霍尔姆斯·罗尔斯顿:《哲学走向荒野》,杨通进译,吉林人民出版社,2000 年版,第 9 页。

③ 龚群:《经济伦理关于"经济人"概念的再审视》,《中国人民大学学报》,2001 年第 6 期。

④ 吕忠梅:《沟通与协调之途——论公民环境权的民法保护》,中国人民大学出版社,2005 年版,第 134 页。

从认识论的角度考虑,把人从森林分离出来看待森林,是人类全面、正确认识森林的前提,也是人类自我觉醒的重要标志。作为刚从动物界脱离出来、走出森林的人类,食物的主要来源地、庇护场所的供给者等,都是森林。但是完全迈入现代社会后,尤其是在"人类中心主义"哲学观的指导下,把对森林的经济利益追求当作唯一目的而忽视森林的生态价值与其他非经济价值,必然产生异化。在大多数人的眼里,森林只是"木材的集合体",它产生的生态价值与其他非经济价值并不具有意义。正是在"人类中心主义"哲学观的指导之下,"许多西方国家都是通过发展森林工业取得发展其他产业所需的资本和原材料,去推动整个工业化的进程。这也是发达国家都在资本原始积累期间经历过无林化阶段的根本原因"①。

(三)"人类中心主义"下人与森林关系研究的定式

1. 无视理性的有限性

把森林仅仅当作对人"有用""有价值"的资源加以保护,会遇到一些难以克服的问题:

(1)人的知识不完备、理性有限,即使依据最先进的科学技术,也不可能确切知道,生活在森林中一个物种的灭绝、甚至森林生态系统遭到破坏会产生哪些直接和间接、短期和长远的影响。

(2)森林作为生物多样性分布最为集中的区域,就目前而言,某些自然存在物对人类来说没有价值,但是并不能保证将来它不会对人类没有价值。如果仍以"人类中心主义"哲学观为指导,不将它纳入道德关怀直至法律保护的范围之内,造成的不良后果将会永久地为人类所承担。"对人的有用性"仅是主观标准,人的需求、有用与否总是随着时间的推移在不断变化的,现在"有用"并不能证明将来"有用"(同样现在"无用"亦不能证明将来"无用"),现在征服、掠夺森林带来的是将来灾害的泛滥,"森林也将以被人类打败的方式打败人类"。

(3)作为生态系统的一部分,森林内包含要素多样,将其视为作用的对象、"客体",人类总会有意或者无意地对各种要素的稀缺程度、有用与否、利益大小进行排序,从而形成森林诸要素的不同等级,加重人与森林之间的对立。

2. 刚硬的还原论和机械论

"人类中心主义"的哲学工具是本质主义和还原论,它总是试图把人与人之间、自然界之间以及人与自然界之间复杂的关系归结为一种"本质",以

---

① 李世东:《生态文明是社会历史发展的必然》,《中国绿色时报》2007年11月28日。

此"本质"为纽带确立客观世界中诸多客观存在之间非此即彼的关系,将宇宙间的万物预设为主体与客体,而人是宇宙间仅有的主体,其他一切客观存在都是毫无灵性、毫无神秘性的①。这就导致它把人与自然之间的关系还原为人与人之间的关系,而人与人之间的关系又被进一步还原为孤立的原子式自我之间的功利关系或者契约关系。各个原子(例如森林、动物和微生物等自然界的客观存在)就是一台机器的各个组成部分,它们通过机械的联系进行运转。只要人类认识了这台机器的各个组成部分以及它们之间的联系,那么我们就可以任意拆卸和组装。这就是认识上的机械论。

"人类中心主义"哲学观的主客二分法和认识上的机械论,是造成人与森林之间关系紧张的根本原因。这种哲学观倡导者牛顿、笛卡尔、培根等人的"我思故我在""知识就是力量"等富含哲理的名言激励着一代又一代人不断地向自然界进军,改造自然、征服自然。借助人类的无限理性和科学技术的无穷力量,一批又一批的森林被"烧山造田""毁林开荒",哲学上的"价值""意义"等被驱逐出了"森林",只有被人类利用、使用才彰显"森林"的价值、"意义"。从法律上来说,只有将森林纳入法律关系中去,成为法律体系的客体,才有可能成为法律的保护对象,从而实现"森林"的"价值""意义"。否则,它只能成为无用的对象,可以任意处置。"以此为基础,人类把自己作为主体,按照自己的尺度对自然界的一切事物进行唯意志论的强权统治和随意操纵,最终使自然界走向了退化和毁灭。②"

二、研究范式的固化

"范式"(canonical form)概念是美国科学哲学家托马斯·库恩最早提出来的研究方式。他认为"范式"是包括规律、理论、标准、方法等在内的一整套信念,它决定某一时期的学者观察、研究该领域的方式、范式,持同一范式的学者因其具有共同的信念、价值标准、理论背景和研究方法技术而组成的一个"共同体"。范式的形成通常有下列学术功能:第一,研究的常规化使得学术研究活动是自觉的而不是盲目的;第二,研究的革命化使得理论上的变革只能通过范式的相互转化才能实现;第三,研究的群体化使得研究不再是孤立的、私人的③。

---

① 卢风:《人道主义、人类中心主义与主体主义》,《湖南师范大学学报》1997 年第 3 期。
② 余正荣:《走向"生态人文主义"》,《自然辩证法》1997 年第 8 期。
③ 张文显:《法哲学范畴研究》(修订版),中国政法大学出版社,2008 年版,第 372～373 页。

纵观目前研究现状,可以得出林权研究范式有如下特点:第一,在民法、物权法领域内研究林权。不论专著还是学术论文,研究者都在民法、物权法领域内审视林权,并以此为起点开展研究①。第二,以用益物权、准物权为基础研究林权。依据《宪法》第九条认定森林资源只能属于国家或者集体所有,并以此为基础构建用益物权或者准物权。第三,将林权子权利财产化研究林权。将森林资源诸要素分割开来,把诸要素视为民法上的物,并且它们为客体构建林权的子权利。在这种范式下研究林权,即使偶有不同但差别不大,共同的范式、方法,为研究者们提供了共同的理论、解决问题的框架,从而形成大致相似的观点和研究方向。

从民法、物权法的角度——这一范式研究林权,虽然可以锁定共同的研究范围并形成合力,但是容易固化研究视野、限制学术创造。民法以个人为本位,以追求经济价值为目标,并不利于对"林"内涵多样性的保护。随着人们对"林权"中的"林"认识的不断深刻,内涵丰富、种类多样,将"林"包含诸要素全部视为民法上的"物",追求其经济价值,忽视"林"包含诸要素所具备的生态价值与其他非经济价值,不可能涵盖"林"——这一资源性物所包含的全部内容。具体说来,把林权局限在仅从民法、物权法的角度进行研究,这一范式存在着如下缺陷。

(一)民法价值理念的背离

从哲学的角度讲,价值"是人对于自己的本性、特质和生存发展的需要的认识以及对于主客体关系的实然状态的超越性指向。应然性、目的性、理想性和批判性是价值的鲜明表征"②。理念则是"指事物(制度)的终极目的和宗旨,它是从纯文化、纯精神的角度对事物(制度)本质所作的高度抽象与概括"③。法的价值理念则是指"法"作为一个整体系统,希望达到、追求的理想中的终极目标和终极关怀,体现法的内在精神和价值底蕴的本质特征。"它是理想中的,属于应然价值而非实然价值。"④从学科范畴上来说,法学属

<hr>

① 专著类如浙江农林大学周伯煌教授的《物权法视野下的林权法律制度》、福建师范大学张冬梅副教授的《物权体系中的林权制度研究》和福建农林大学胡玉浪的《集体林权法律制度研究》等,学术论文类如温世扬教授的《"林权"的物权法解读》、林旭霞教授的《林权的法律构造》、高桂林教授的《我国林权制度构建之研究》等论文,无不认为"林权"归结为民法上物权的表现形式之一,然后展开权利内容、制度设计论述。

② 杨信礼:《理性与价值的整合:新发展观的确立与发展实践的转型》,《山东社会科学》2000年第3期。

③ 刘凯湘:《论民法的性质与理念》,《法学论坛》2000年第1期。

④ 高利红:《环境资源法的价值理念和立法目的》,《中国地质大学学报》(社会科学版)2005年第3期。

于人文社会范畴,不可能做到价值无涉或者价值中立,必然通过一系列的法律原则、制度和规范等体系映射自己所追求的基本价值,同时经时间磨砺积淀出社会公认的、符合人性的、善的价值理念。

民法作为部门法概念,是调整市民社会的基本法律。它有两个特征:第一,"私人利益和需要是市民社会存在的条件,利己主义是市民社会的本质,交换是市民社会的运作方式"①。市民社会是与政治国家相对应的概念,追求个人利益的最大化,是市民成员追求的目的。虽然在个人利益最大化过程中也实现着公共利益,但它不是个人主观目的的追求。只有通过民事主体——市民之间的经济交往和物质之间的互换,才能实现私人利益的最大化。第二,"自由是市民社会的基础,平等是自由前提下的平等,安全是市民社会的保障"②。在市民社会中,拥有私有财产的市民可以依照自己的意志,平等地与其他人进行交往实现私人利益,这种自由、平等和交往必须以平和、安全的方式得以实现,"它通过对私有财产的占有和自由支配以及契约制度体现出来"③。通过以上论述,在实行市场经济的市民社会中,我们可以得出如下结论:①民法通过确立"私权神圣",最大限度地保护个人利益;②民法将"地位平等"作为手段,保障民事主体自由地参与到财产的归属、确认和交易中去;③民法通过"意思自治",不断拓宽民事权利的范围。

1."私权神圣"不易实现生态安全

"私权神圣是指民事权利受到法律充分保障,任何人或者任何权利均不得侵犯,并且非依公正的法律程序,不得限制或者剥夺。"④"民事权利是其他一切权利的基础,它同时制约着行政权力,并要求行政权力为它服务。"⑤

自由、平等等理念是市民社会得以存在的前提,通过市民相互间的物质交换、经济交往能够巩固这些理念。为了自利能够和平地进行,必须用安全加以保障。但"安全"市民社会自身并不能提供。这里的"安全"是广义的"安全",除了与每个主体直接相关的交易安全、生命安全,还包括与人类整体生存质量相关的生态安全等。这些安全需要每个人让渡出一部分权利,由政治国家行使人类整体生存的安全。森林、林木具有的经济价值,因与人们的生活紧密相关而被法律认为是个人财产的重要组成部分。除此之外还具有固碳释氧、防风固沙、保持水土、涵养水源、保护生物的多样性等生态价

---

① 苏号朋:《民法文化:一个初步的理论解析》,《比较法研究》1997 年第 3 期。
② 苏号朋:《民法文化:一个初步的理论解析》,《比较法研究》1997 年第 3 期。
③ 刘新稳:《中国民法学研究述评》,中国政法大学出版社,1996 年,第 13 页。
④ 张俊浩:《民法学原理》,中国政法大学出版社,1991 年版,第 19 页。
⑤ 杨振山:《市场经济与我国民商法》,《政法论坛》1993 年第 4 期。

值与其他非经济价值，这些都是生态安全的重要组成部分。对林权进行立法上的保护，目的就是保护生态价值与其他非经济价值。但是就目前而言，这些价值具有不易控制性、整体性等特征，如果固守"私权神圣"这一理念，要求公民个人权利不得侵犯，这些生态价值与其他非经济价值将无法实现，生态安全将无法实现。

2."意思自治"不利于实现自然秩序

"意思自治"是指由当事人自己决定他们之间的权利义务关系，只有发生纠纷时才由国家出面做第二次干预，即由司法机关对当事人之间的纠纷进行裁判[①]。民法作为市民社会中的基本法律，正是以追求人在社会发展中所享有的充分自由为终极目的，这是市民社会对法律的必然要求，是私领域的铁则，是私法的精神之所在。作为民法、物权法的重要理念之一，在整个领域当然包括立法体现为：第一，以民事权利抗御非正当行使的国家权力；第二，使当事人的自由意志不受来自其他当事人的非法干预[②]。

"意思自治"是私法领域特有的理念。与其说该理念是私法主体行为的准则，不如说该理念是对公权力的抵御，是私法领域尽量避免公权力侵入的工具。正是由于私法允许当事人依其意志确定其行为，除了受法律约束，不受任何人、任何权力的控制，才形成了与公法完全不同的品格，并成为公法与私法划分界限的重要依据。甚至有学者认为，意思自治是构造私法体系的灵魂所在，是私法之所以成为权利法的最主要原因。

作为民法的基本价值理念，民法确实保障主体的"意思自治"，但是这种自治是以"有条理、不混乱的情况"——即一定的秩序为前提。良好的秩序是人类能够结成群体、社会而共同生活的基本条件，"它构成了人类理想的要素和社会生活的基本目标"[③]。秩序有社会秩序和自然秩序之分，自然秩序是人类赖以生存与发展的基础。"物质世界的组成部分某些恒久不变的特征，使得我们依靠它们的永恒性质而生存，并使我们能够在为人类目的的运用它们时预测出它们的效用。"[④]意思自治虽然可以最大程度弘扬当事人的主体性，但是这种意思自治是以自然秩序和社会秩序为界限的。林权中体现的生态价值与其他非经济价值是生态安全的重要组成部分，由于这些

---

① 梁慧星：《梁慧星文选（中国社会科学院法学精萃）》，法律出版社，2003 年版，第413 页。

② 彭万林主编：《民法学》，中国政法大学出版社，1994 年版，第35 页。

③ 张文显：《法哲学范畴研究》，中国政法大学出版社，2001 年版，第195 页。

④ ［美］博登海默：《法理学——法律哲学与法律方法》，邓正来译，中国政法大学出版社，2004 年版，第228 页。

价值大部分并未被纳入人民法的保护范围之内,当事人之间在为民事行为时,并未将生态安全纳入意思自治的范围之内,造成森林被采伐、林地滥用导致环境恶化,自然秩序遭到不利后果。

(二)所有权制度的异化

关于所有权的概念,有关民法、物权法专著中都有经典的表达。我国《物权法》第三十九条规定,所有权是所有权人对自己的不动产或者动产,依法享有占有、使用、收益和处分的权利。近代民法将所有权绝对奉为私法自治的首要原则。

毋庸置疑,在所有权绝对原则指导之下,可以让所有者产生"实实在在的拥有感",从而激发人的主动性和创造性,从而达到满足个人利益、增加社会财富的目的。"所有权的绝对性包括绝对不可侵性、绝对自由性、绝对优越性三个方面:土地作为人类最基本的物质财富和生产资料,始终为所有权制度所调整的核心内容。以最重要的物——土地为例,阐述所有权绝对的内容。第一,绝对不可侵性指土地所有权为绝对不可侵夺之权利,亦即该项权利具有排他的、为我独尊的基本属性;第二,绝对自由性,指所有权人对自己所有之土地可任凭自己意志自由使用、收益和处分;第三,绝对优越性,指土地所有权若通过契约关系而与土地利用权形成对立时,所有权应处于绝对优越之地位。①"

以个人利己主义的创造精神和自然法理论为前提的所有权绝对原则,对于推动社会发展有过巨大的历史贡献。但是随着时间的推移,"所有权绝对"的弊端不断显现,具体到森林来说亦是如此:第一,所有权人对所有之物(当然包括森林)直接任意支配,可以凭借其财产上的优势对他人直接或者间接地发挥威力,从而形成一种事实上不平等的社会关系。例如在某些村级自治委员会自治力量萎缩、宗族势力复苏的某些地方,村寨家族借助自己所占林木较多,随便进入权属纠纷的山林砍抢林木,甚至到对方的村寨拉牛、杀猪、打人,拒绝参加调解、仲裁和司法活动,干扰当地集体林权改革②。第二,将对森林的所有权作为绝对的、不含任何社会义务的权利,其行使与否均由所有人任意决定,很容易造成社会财富的极大浪费和资源配置效率的低下。第三,所有权绝对原则以利己主义为核心,利己主义的创造精神虽然可以在一定程度上促进社会物质文明的进步,但是一切均由个人意志决定,则容易造成个人利益与社会整体利益的冲突。这一点表现在特殊的

---

① 马俊驹、江海波:《论私人所有权自由与所有权社会化》,《法学》2004 年第 5 期。

② 周世中、杨和能:《侗族习惯法在解决侗族地区林权纠纷中功能及路径选》,《山东大学学报(哲学社会科学版)》,2011 年第 6 期。

物——森林之上尤为明显。森林的所有者关心的是与其直接相连的林产品、木材等为内容的经济价值的实现，与之间接的生态价值与其他非经济价值由于缺乏利益相关性、非紧迫性，则抱着漠视、放任的态度。例如广西三江侗族自治县林地面积20.11万公顷，人均0.53公顷，其中独侗、同乐两个人口大乡户均林地不到一亩，往往一块地好似切豆腐块，一亩地几户、甚至十几户分割承包，不但不利于森林自身经营，所有者利益、公共利益也无法实现①。

所有权的绝对虽然对于保护个人私有财产有着不可磨灭的贡献，但是其弊病也很明显。这种绝对的权利造成所有权在整个权利体系内的空间过度膨胀，所有权人可以对所有物为所欲为，破坏所有物也是所有者绝对权的内容，对于森林所有者也是如此。按照此理论，森林所有者可以按照意思自治原则，随心所欲地采伐林木，即使是将整个森林砍光，其他人甚至国家都不得干涉。因此，在绝对的所有权制度下，污染环境和破坏环境的行为成为行使所有权的合法行为，使得物权法成为污染环境和破坏资源的避风港②。

（三）物权客体的局限

一般认为，哲学上的客体是相对主体而言的，是指处于主体之外，不以主体意志而转移的客观现象，能够为主体所认识，并能够为主体所作用。法学作为社会科学的一部分，是哲学上的主客体在法学领域内的具体表现，具备哲学上关于客体本质意义上的含义：与主体分离、主体作用的对象。

毫无疑问，"物"是物权的客体。所谓物权法上的"物"，是指存在于人身之外，能够为人力所支配，并且能够满足人类需要的某种物体。要成为物权法上的"物"，必须满足下列条件：①须为有体物；②须具有可控制性；③须为独立物；④须为特定物③。这种观点已经为主流法学界所认可。

"科学的进步使社会科学手忙脚乱，疲于应付，终使社会科学与自然科技做了跛行的'异速赛跑'。"④是否能够"为人力所支配、满足人的需要"这条标准本身即带有很大的主观性。随着科学技术的进步，人的支配范围、需要内容也在不断地发展和变化之中。另外，现在民法的发展趋势已经从物的所有到物的利用，必然涌现新的"财产"、新的"物"，需要物权法中的"物"

---

①　周世中、杨和能：《侗族习惯法在解决侗族地区林权纠纷中功能及路径选》，《山东大学学报（哲学社会科学版）》，2011年第6期。

②　吕忠梅：《环境法新视野》，中国政法大学出版社，2000年版，第67页。

③　梁慧星、陈华彬：《物权法》，法律出版社，2003年版，第23页。

④　李鸿禧：《保障人权思想之本质与变异的研究分析》，载《宪法与人权》，台湾新学林出版社，1995年版，第260～261页。

不断扩大其范围,确认这些"财产""物"的新形式。因此,如果认为"物"的概念和条件是一成不变的,必然固化"物"的范围,遏制人的合理需求,并最终不利于人的利益的保护。本人认为,在承认目前对物的概念、条件定义相对合理前提之下,保持"物"的包容性和开放性。总体来说,现在,森林具有的生态价值与其他非经济价值并没有纳入物权法中"物"的范围。

(1)形态上的有体性。一般来说,物权法上的"物"仅局限在"有体物",即具有一定形态的物质形体并为人们所感觉。这种"体"在物理属性方面主要包括固体、液体和气体。固体形态、液体的"物"由于其物理属性较为稳定,易被人们感触、掌控,从而较为容易地成为物权法上的"物";气态则相反,虽然它能够被感触,但是形状不固定、不易被掌控,要成为物权法上的"物"困难重重。就目前而言,物权法上的"物"已经异化为固体、液体形态的"物",只要一提起气体"物",大部分人的反应是——它无法成为"物"或者将其归为"无体物",直接将其排除物权法"物"的范围之外。森林提供的生态价值与其他非经济价值是"无形的""不可触摸的",不能以"物"的形态给人带来精神上的愉悦和享受,无法纳入物权法的调整范围。

(2)控制上的可支配。所谓"支配",是指起控制或引导的作用。要成为物权法上的"物",一个重要条件就是具有可支配性。物具有可支配性,能被主体进行控制或者引导,才能更好地利用"物"自身的物理属性,满足主体的各方面需求。不能为主体所支配、控制之物,不能满足主体需要,当然无法成为物权法上的"物"。森林提供的林果、木材、纸张等林产品的经济价值不但具有可度量性,而且极易被所有者支配,顺理成章便成为物权法上的"物";森林提供的固碳释氧、降温杀菌、净化空气等生态价值与其他非经济价值,也依附于森林这一客观实在才能够实现。但是与经济价值不同的是,生态价值与其他非经济价值除了在形态上属于气态、给主体带来的是一种精神享受之外,在可支配性上却不具有可操作性:空气随意流动、精神享受因人而异,等等,在技术上都显得力不从心。用自然科学中的度量衡来掌控社会科学中要表达的内容,本身即具有很大的不合理性。

(3)数量上的单一性、独立性。欲成为物权法上的"物",除了有体、可控制之外,还必须具有单一性、独立性。单一性是指在形态上能够单独地、个别地存在的物。只有能够和其他之物进行区别,才可以确定归属并进行交易;独立性是指在物理上、观念上、法律上能够与其他的物区别开来而独立存在的物。依据传统的民法观念,物必须具有物理上的独立性,才能成为独立物,才能在现实形态上与其他物相区别并为主体所占有和控制。此外,也可以根据交易上的观念或者法律的规定作为标准来确定物是否具有独立性。生态价值与其他非经济价值不论是提供者——森林,还是生态价值与

其他非经济价值自身，必须作为一个整体存在，才能够彰显其价值。随着科学技术的进步，虽然生态价值与其他非经济价值的表现形式也正在通往作为"整体物"的路上，但是步履维艰，需要技术、观念和法律的多重配合才能够实现。

三、行政立法模式下的利益部门化

就目前而言，我国实行的是一元多层级的立法体制。在实施的所有法律中，行政机关主导的立法占了相当大的份额。虽然学理上对行政机关的"立法"能否纳入"法律"范围之内仍有争议，但是由行政机关主导立法的客观事实以及《立法法》的颁布，已经承认了行政立法具有形式的合法性。"这种形式的合法性须和行政立法的社会正当性——利益平衡（按照考虑应予考虑的利益、尊重公共利益和个人利益、利益位阶等标准确定），行政法规、规章等才具备颁布实质正当性。"①

对于林权的规定，主要体现在《森林法》《森林法实施条例》等法律、法规和部门规章、政府规章及其他规范性文件之中，在这些法律、法规和规章的背后，都离不开行政机关：要么制定者要么起草者是林业行政主管部门。因此，涉及林权的规定属于典型的行政立法。本人认为上述法律、法规和规章只注重部门利益保护，没有平衡好现实存在的公共利益、个人利益。

1. 现实林权立法忽视公共利益的表达

法律本是对利益的分配，尤其是对公法而言。"若追求国家权力至上，所有社会主体和社会成员都要在国家利益为主的行政立法价值指导下，行政法规、规章所保护的利益则会以国家利益为根本，其他利益只能服从于国家利益；若追求行政管理的秩序性，追求行政权威原则，即突出行政机关在整个国家政治生活中的中心地位，那么行政立法则以体现行政主体的利益为基点，因为行政权威原则所反映的是行政主体在行政活动过程中的决定作用；若在规章的价值中追求公共利益，或者大多数社会成员的社会利益，那么行政立法的内容则以公共服务、公共权利保护为主；若行政立法追求个人利益，体现个人在社会生活中的价值，行政法规、规章则会在其内容中将个人利益置于社会生活之前。"②

从属性上来讲，森林不但具有经济价值，而且还有生态价值与其他非经济价值。民法、物权法对其经济价值的归属、利用和交易进行了规定，但是由于生态价值与其他非经济价值具有"公共产品"的属性，民法、物权法等私

---

① 曾祥华：《行政立法的正当性研究》，苏州大学博士论文，2005年，第122～148页
② 张淑芳：《论行政立法的价值选择》，《中国法学》2003年第4期。

法在调整时力不从心,只能借助公法手段的运用。从应然的角度讲,保护森林、实现林权应当采取集体行动并通过设置公共权力机构,以立法的形式建立国家各级林业主管部门,赋予其相应的职责权限,规定国家林业管理的运作方式和步骤等。运用行政权力进行行政立法是其中重要管理方式之一。

从实然的角度看,现实中对林权的行政立法——《森林法实施条例》《林木林地权属处理争议办法》等行政法规、规章,是否通过具体的制度设置、规则制定,趋近于实然的角度——国家机关实现公共利益保护的职责呢?作为行政法规,《森林法实施条例》承担着细化法律、增加可操作性等责任,其主要规定仍继承了《森林法》的主要内容,从所有林木的种植、采伐、运输、经营加工等方面设置了多项行政许可。可以说除了枪支、毒品等限制、禁止流通物之外,再无其他物能像林木一样受如此之多的限制。从表面上看是国家林业行政主管部门在履行职责保护林木,其实是在突出林业行政主管部门在森林保护中的决定性地位,并不是向整个社会提供公众服务、对公共权利进行保护,因而并不利于公共利益的表达。

2. 行政主导立法对个人利益的干涉过多

就行政主导立法而言,其重要发展趋势之一即为对社会关系的调整将趋于谦抑①。行政立法的谦抑是指行政机关的立法,调整社会关系的广度及其规制强度都呈现不断缩减或压缩的趋势,主要体现在以下两个方面:"第一,行政立法对私人(包括公民与法人)权利与自由的干预应当符合比例原则。比例原则的实质在于要求行使国家权力的手段与目的之间保持均衡。比例原则不仅约束行政权,而且约束立法权,是一个具有宪法位阶的法律原则。它包括适当性、必要性和狭义的比例原则。②"第二,行政立法对市场经济的干预需要进行成本收益的分析,不能无限制地干预。即政府是否对经济进行干预,要经过三个步骤的检验:其一必须证实市场失灵确已发生;其二检验政府管制确实能减少不合理的资源配置;其三必须证明管制政策的

---

① 袁曙宏、李洪雷:《新世纪我国行政立法的发展趋势》,《行政法学研究》2002年第3期。

② 适当性原则要求行政立法权的行使必须适合于实现特定的公益目的;必要性原则又称为最少侵害原则,指行政立法权对私人权益的影响不得超越实现正当目的的必要程度,意即在适当性已满足之后,在所有能够实现公益目的的方式中,必须选择对私人权益损害最小、影响最轻微的方法,也就是为了达到某个公益目的,有多个手段可以选择,应当选择给私人权益造成损害最小的手段;狭义比例原则又称衡量性原则,是指在所有能达到某一行政立法目的手段中,侵害私人权益(不利益)最小的手段所造成的损害仍然超过该目的所追求的公益时,则该目的就不值得追求,应当放弃。

潜在效益足够为行政成本,并可能为导致无效配置的市场干预开脱罪责。"①

对于林权立法的行政法规、政府规章或者地方性法规及政府规章,是否立法谦抑的发展趋势呢? 答案是否定的:(1)对所有林木所有权、林地使用权的严格管制不符合必要性原则和狭义比例原则。毫无疑问,森林及林木具有的生态价值与其他非经济价值,属于公共产品,具有消费的非排他性和非竞争性,对其进行公益目的的立法是必要的。但是,在行政立法进行制度设置、规则拟定时,应当对私人权益损害采取最小、影响最轻微的方法。就国有林而言,由其主要承担生态价值与其他非经济价值,实施严格的采伐、运输和经营等行政许可,不但具有正当性,而且还具有较强的可行性;对于集体林,则应当与其区别对待;而对于完全属于个人所有的林木其目的就是最大限度地追求经济价值,林木向社会提供的生态价值与其他非经济价值则完全属于经济学意义上的"正外部性",采取严格设置行政许可的方式限制所有权的行使,由行政法规剥夺法律规定的物权人对物享有的占有、使用、收益和处分并排除他人妨碍的权利,明显超过了"损害最小、影响最轻微"的程度;此外,《森林法实施条例》还规定,若无得到许可采伐自己所有林木,不但面临承担行政责任的处罚,采伐人还有可能面临刑事责任的制裁。通过采用财产罚、人身罚乃至使所有权人承担最严厉的制裁——承担刑事责任的方式,保护在个人利益基础上建立的公共利益,明显超过立法目的所追求的公共利益,这类条款明显对个人利益干涉过度。

(2)从成本收益的分析角度出发,目前的对林权的行政主导立法干预过度,很难获得行政主导立法期待的收益。森林的生态价值与其他非经济价值确属公共产品,存在着市场失灵的状况,但是纯粹公法手段运用,寄希望于林业行政主管部门充当"公共利益"的管理者并不现实:为了区域利益、集团利益甚至长官利益而牺牲公共利益,"政府失灵"也并不罕见。更为重要的是,设置行政许可的方式容易造成林业行政主管部门与林权权利人之间的对立关系,难以发挥权利人的主动性、积极性和创造性。而仅依靠单一的公法机制,林业行政主管部门不可能完全关注到每棵林木是否办理了采伐、运输、经营加工许可,那只能让行政机关背上沉重的包袱,防不胜防、治不胜治。此外,公法实施的动力来源于主体对公共利益的尊重,其运行依靠执行人员的责任感,是消极的、被动的、依命令而做出的行为,不是主动参与和付出。正如吕忠梅教授所言:"环境问题根源之一是经济外部性问题,那么要解决外部性问题,大家就必然想到了公权力的介入,于是就引入公法。特别

---

① 袁曙宏、李洪雷:《新世纪我国行政立法的发展趋势》,《行政法学研究》2002年第3期。

是行政法领域,大家想到的就是用公权来限制私权。当时的理论是说,因为所有权的滥用造成了环境问题,那么我们只有限制所有权,环境问题才能得到解决。而公权力已经渗入私人所有权的方方面面。但是这种限制的结果是当公权宽泛到可以对私权进行任意剥夺的时候,这个社会进步的动力就消失了。"①

本章小结

本章主要介绍了在传统路径下对林权归属的定位,共计有三种学说:自然资源使用权、准物权和资源权。虽然各种学说从不同角度阐述了林权的性质,但并没有反映林权的本质:将林权归属为自然资源使用权,但是它的前提——以国家或者集体所有权为基础存在着缺陷;将林权归属为渐成的准物权,但"林"内容的多样性又决定了这种定位并不准确;将林权归属为雏形中的资源权,其内部构造的模糊性,很难为林权立法提供实质性的帮助。

虽然林权归属有不同的学说,但是归根结底都是在人类中心主义哲学观的指导下对经济利益实现方式的不同追求。这种哲学观仅注重森林的工具性价值,关注其经济利益的实现,无视人类理性的有限,采用利己主义思维方式,把人与森林之间的关系还原为一种人与人之间的关系。这种哲学观并不利于森林多重价值的实现;对经济利益的关注自然首选用民法基本理论进行制度设计,但民法的私权神圣、意思自治等价值理念并不利于除经济价值之外其他价值的保护,所有权制度不利于森林整体价值的实现,物权客体制度排斥非经济价值成为民法规范对象的可能性。传统的民法价值理念并不符合"林权"创立的初衷;基于民法保护之不逮,行政法保护"林权"的生态价值与其他非经济价值——这一公共利益便顺理成章。但是涉及林权的《森林法》《森林法实施条例》等法律的拟定者均为行政机关,它主导的林权立法,存在着对公共利益忽视、干涉个人利益过多等缺陷。

不能否认在人类中心主义哲学观的指导之下以民法基础理论为基础,借助行政法的手段对林权立法所做出的历史贡献:借助理性经济人的前提预设,民法保障林权人经济利益的实现,行政机关主导立法行使公共利益的

---

① 吕忠梅、崔建远:《准物权与资源权:民法与环境法学者的对话》,中国民商法律网(http://www.civillaw.com.cn/Article/default.asp? id=27160)。

保护。然而,随着认识的深刻,理性经济人的前提预设并非完美无缺,民法仅注重经济利益而忽视其他价值导致了生态危机的出现,行政机关主导的公共利益保护异化为部门利益的工具,必须对这些弊端进行反思。这种反思应当从人类精神生活的最高层——哲学观开始入手,把生态价值与其他非经济价值纳入民法保护的基本理念中去,行政立法中平衡公共利益、个人利益及部门利益,这也是下一章阐述的内容。

第二章

林权立法构造的基础：认识与理念

"基础"意为"事物发展的根本或者起点"。阐述林权立法构造的"基础"，应当从立法理念乃至对人与自然关系认识的高度认识林权。只有"好的""符合时代精神"的理念做指导，才能设计"好的"法律制度并被遵守。而在位阶上高于立法理念、对立法理念有指导意义的，则是人类对于精神生活的认识以及对于这些认识的反思。这恰是哲学研究的范畴。因此，考察对于林权的立法，除了研究林权应当以何种理念做指导之外，还要从哲学研究的角度分析人与森林之间关系如何。本章分为两节：首先研究不同的哲学观中人与森林之间的关系、人与森林之间应当采取何种哲学观；然后研究涉及林权的不同理念以及这些理念对林权的影响。

第一节　林权立法构造的认识基础：
人与自然关系的和谐

"哲学是人类精神的反思。反思就是人类精神反过来以自己为对象而思之。"①作为存在的人，其精神生活的主要部分就是认识，而哲学就是对于认识的认识。简言之，以自己的认识为认识对象的研究，即为哲学。"人类精神生活的极为广泛，但概括而言仅为三个方面：自然、社会和个人的事。"②

---

① 冯友兰：《中国哲学史新编》，人民出版社，2003年版，第10页。
② 冯友兰：《中国哲学史新编》，人民出版社，2003年版，第17页。

人类精神的反思三个方面以及其间互相关系的问题，都是人类精神的反思对象，也是哲学研究的对象。

森林属于自然①的一部分。作为哲学研究的一部分，人与自然关系以及对人与自然之间的关系的反思直接决定了人与森林之间的关系如何。因此，本节内容主要考察不同哲学观下人与自然之间的关系，以及人与森林之间的关系应当以何种哲学观为指导。

一、不同哲学观下对人与自然关系的认识

（一）人类中心主义哲学观中人与自然的关系

"人类中心主义不仅是一个内涵广泛的概念，而且还是属于某种难以用形式逻辑的方式来定义的元概念。"②对于人类中心主义认识，不同的学者也有不同的认识。英国学者佩珀认为人类中心主义是这样一种世界观：第一，把人置于所有创造物的中心——大多数人认为这是理所当然的；第二，把人视为所有价值的源泉，因为价值概念本身就是人创造的③。美国环境伦理学家阿姆斯特朗和波茨勒认为，人类中心主义是一种哲学观，他们断言伦理原则只适用于人类，人的需要和利益是最重要的，甚至是唯一有价值的，人类对于非人类的实体关怀仅是那些对人有价值的部分④。我国学者余谋昌认为，人类中心主义是一种以人为宇宙中心的观点，"它的实质是：一切以人为中心，或者以人为尺度，为人的利益服务，一切从人的利益出发"⑤。

"人类中心主义哲学观"认知与反思的对象广泛，对自然的认知以及对这种认知的反思仅是其中之一，由于林权的诸多客体都是自然的一部分，本书仅论述考察"人类中心主义哲学观"下的人与自然关系。在这种哲学观下，对人与自然之间关系的认识包括以下内容：

1. "理性主义"的本体论

理性是指"能够识别、判断、评估实际理由以及使人的行为符合特定目

---

①　自然广义指具有无穷多样性的一切存在物，与宇宙、物质、存在、客观实在等范畴同义，包括人类社会。狭义指与人类社会相区别的物质世界。通常分为非生命系统和生命系统。被人类活动改变了的自然界，通常称为第二自然或人化自然。具体详见中国社会科学院语言研究所词典编辑室：《现代汉语词典》商务印书馆 2002 年增补本，第 657 页。

②　杨通进：《环境伦理：全球话语 中国视野》，重庆出版社，2007 年版，第 161 页。

③　David Pepper, Modern Environmentalism：An Introduction(Routledge 1996) p228.

④　Susan Amstrong and Richard Botzler, Environmental Ethics：Divergence and Convergence, p275.

⑤　余谋昌：《走出人类中心主义》，《自然辩证法研究》1994 年第 7 期。

的等方面的智能"。理性通过论点与具有说服力的论据发现真理,通过符合逻辑的推理而非依靠表象而获得结论、意见和行动的理由。理性主义是建立在承认人的理性可以作为知识来源基础上的一种哲学方法,高于并独立于感官感知。对于理性的认知,应当从近代西方的哲学始祖——培根开始。培根认为人类应该有关于人自身的知识,关于人性的研究应当成为独立的科学这是关于人的哲学;而心灵中的神圣应该交给宗教研究,从而区分了认识和信仰、哲学和宗教;而法国人笛卡尔在培根区分哲学和宗教的基础上,进一步提出了心物二元论。他认为人是由物体和心灵两个不同实体组成的,但人的本质在于心灵而不在于人的肉体。他的名言"我思故我在",说明思维并且只有思维才属于人的本性,也只有思维才能证明人的存在。此后莱布茨尼、斯宾诺莎、康德和黑格尔等哲学家为发展理性主义做出了杰出贡献。

理性主义将人看作理性的动物,人应该根据自己的理性存在探求合乎理性的生活,追求物质享乐和感官欲望满足是人的自然本性,虽然古希腊哲人还对这种理性做了一定的限制,但是文艺复兴运动和启蒙运动所主张的理性主义则彻底沦落为物欲征服的工具——理性的目的在于满足"凡人的幸福"。理性主义具体化的各种工具则为追求"凡人的幸福"提供了便利:

首先,"哲学理性首先向世人证明人的认识能力是能够认识自然界的,人的理性能够使人成为自然界的主人"①。哲学家们通过简洁且通俗易懂的语言向世人证明人的思维是无限的,并在征服世界过程中扮演着主导力量。例如培根的"知识就是力量",提出人只要运用经验归纳的方法完全能够掌握自然界的秘密,借助知识的力量完全可以向自然界进军;笛卡尔将人与自然进行主客二元分离,确认了人对自然界的主体地位;康德提出"人为自然立法",认为"只有人的理性才能使人获得有关自然界和整个世界的知识,确立对象世界的秩序"②;在黑格尔眼里,自然界是"绝对精神"的外化结果,"绝对精神"即是人的理性,是自然界的创造者,激发人类认识自然、改造自然的积极性。哲学理性确认人的理性是自然界的主宰,人完全具有认识自然界、解释自然规律的能力。

其次,"科技理性通过孵化的科学技术,为加工改造自然界、创造丰富的物质财富提供了条件"③。理性与实验为基础的自然科学结合,把人的思维变成了科学的方法(例如具体的物理学定律、化学方程式和基因排列组合符

---

① 曹孟勤:《生态伦理哲学基础的反思》,清华大学博士论文,2004年版,第92页。
② [德]康德:《未来形而上学导论》,庞景仁译,商务印书馆,1997年版,第92页。
③ 曹孟勤:《生态伦理哲学基础的反思》,清华大学博士论文,2004年版,第94页。

号),这些方法把自然界的物质转化为具体的物质成果,即是科技理性的外化。人类社会通过多次的技术革命,极大地提升了人类认识自然、征服自然的能力。

再次,"经济理性把物欲的满足视为经济发展的基本动力,为高效把自然资源转变为人的消费品奠定了基础"①。经济理性主张经济活动的参与者都有追求物质利益最大化的动机。它对于消费者而言是追求效用的最大化,而对生产者而言则是追求利润的最大化。正是两者的针锋相对,才保证了市场经济的高效率。因此只有承认个人欲望的合理性,把市场主体中的个人的求利动机作为出发点,实行完全自由的市场竞争,才能增加国民财富并使之最大化。亚当·斯密形象地通过"经济人"和"看不见的手"告诉世人:个人利益与公共利益之间并不存在矛盾冲突,通过"看不见的手"调节,人人谋求私利反而会走向反面达到公益目的②。

从此,"政治理性则为满足物欲提供了制度保障"③。哲学家们认为人性是自私的,任由自私的发展必然导致战争的发生。因此,需要人与人之间以订立契约的形式组建代表公共利益的政府,来调节人与人之间的关系。为了保证人的利益,体现政治理性的法律便应运而生。

最后,"道德理性为满足欲望做出了目的合理性论证"④。道德理性告诉人们:趋利避害、快乐即为幸福与善,是人的天性,打开物欲枷锁的控制,对自然界的无限占有是符合道德的。

处于最高位阶的"理性",通过理性的具体化,借助哲学、科技、政治和道德理性的工具,证明人类完全可以认识自然、解释自然内部规律并征服自然。自然界的祛魅过程,也是人类不断发现自我、认识自我,征服自然界的过程,启蒙者创造的"理性"则在此过程扮演了主要的角色。

2. "主客二分"的认识论

在理性主义支配之下,认识论上人类中心主义哲学观采取的是主客二分思维模式。在古希腊乃至中国古代,在寻找事物本源的认识论上,并没有真正对物质与精神、主体与客体做明确的区分。"哲学家们大多从人体之外寻找事物的本源,例如泰利斯的'水'、阿那克西美的'气'、赫拉克利特的'火'、毕达哥拉斯派的'数'、阿那克萨戈拉的'种子',等等。"⑤尽管普罗泰

---

① 曹孟勤:《生态伦理哲学基础的反思》,清华大学博士论文,2004 年版,第 95 页。
② [英]亚当·斯密:《道德情操论》,蒋自强译,商务印书馆,1997 年版,第 107 页。
③ 曹孟勤:《生态伦理哲学基础的反思》,清华大学博士论文,2004 年版,第 95 页。
④ 曹孟勤:《生态伦理哲学基础的反思》,清华大学博士论文,2004 年版,第 95 页。
⑤ 赵敦华:《西方哲学简史》,北京大学出版社,2001 年版,第 12 页。

戈拉提出"人是万物的尺度"、苏格拉底提出了"认识你自己"等纯思辨、略带口号式的"名言警句",使得哲学思考转向以自我为中心。

真正确立主客二分模式的,是法国哲学家笛卡尔。他把"我"确定为只是一个"在思想的东西",是一个心灵、灵魂、理智、理性,是"在怀疑、在理解、在肯定、在否定,也是在想象,在感觉着的精神的'自我'"①。他抬高精神贬低物质包括自己的身体,认为"肉体"人自身有,动物也具有,"肉身"的普遍性存在不能说明人的独特性存在;但是与"肉体"对立的"精神"或者"自我"才是人之所以为人的本质之所在。因此,人作为"思""理性的唯一载体与拥有者",理应从自然的混沌中脱颖而出,成了与"非我"相对立的主体性存在;相应地人的肉体与非人类的自然物则成了人类的对象,成了人类主体相对应的客体,人与自然之间的关系被简化为主体与客体之间的关系。在其著作《哲学原理》更是将这一关系表现得淋漓尽致:他把宇宙看成一个机械装置,这个装置依靠机械运动,通过因果过程连续地从一个部分传到另外一个部分,使惰性粒子移动。产生运动的力不是某种有活力、生命力的或者存在于物体之中的力,而是物质之外的力的推动。外部对象只是由数量构成:广延、形状、运动及量值,神秘的特性只存在于上帝和心灵之中②。从此,"主体——客体"的二元思维架构成为人类处理人与自然关系的标准范式。斯宾诺莎等哲学家发展和巩固了这一认识论。

机械性是主客二分思维方式的最大特点。卢风教授将"机械性"的主客二分认识论解释为以下几点:①机械论的世界观。现代科技深受主客二分思想的影响,把非人的一切都看成机械性的对象,看不到自然事物之间的联系和事物的内在价值。②还原论的方法论。现代科学认为只要把构成事物的"基本粒子"弄清,就彻底认识了事物。③重分析、轻综合。现代科学过分重视对认知对象的分析,但不重视事物与事物、事物与环境、人与环境之间的联系。

主客二分的认识论通过科学技术对生产力的极大促进,使得人类中心主义哲学观得到了大多数人的内心确认,并且至今还发挥着重要的作用。这种认识论通过人类征服自然的能力不断得到印证,反过来,不断得到的印证更使人们对这种认识论的顶礼膜拜。自然在人类眼里"祛魅"过程愈快,愈加剧了人类对自然的肆无忌惮。

(二)哲学研究转向和人与自然关系认识的转变

在人与自然的关系认识中,人类中心主义哲学观把人类置于创造物的

① [法]笛卡尔:《第一哲学沉思录》,商务印书馆,1986年版,第27页。
② [美]卡洛琳·麦茜特:《自然之死》,吉林人民出版社,1999年版,第224页。

中心,采用主客二分的认识论,宣扬理性至上,极大地解放人类自身。正是以此为基础的启蒙运动,开启了现代哲学之门。在从"前现代"向"现代"变革过程中,经历了深刻的资本主义运动,资本主义政治、经济和文化在全世界范围内得以确立。但是,人类中心主义哲学观在人类社会发挥极致时,没有逃脱盛极而衰的命运。它主张的理性主义本体论、主客二分的认识论带给人类物质充裕、生活便捷的另一面,却是人类无限追求物质享乐。为了满足这种需求,借助科技、经济理性,人类不断增强向自然界索取的能力,而政治、道德理性则为人类的不断索取提供了正当性与合法性,人对自然界获得了空前"胜利"。

竭泽而渔掠夺式的索取资源,大大超过了自然本身的承载能力,致使自然资源濒临枯竭、环境污染加剧、气候异常增加等危害人类生存的事件发生,迫使人类不得不反思这种哲学观。"由人类的无所不能和绝对至上性,便导出以征服者的姿态对待自然的态度,而人类对自然的征服终于得到自然一次又一次的报复。"①人们开始进行反思并产生了哲学研究的转向②:后现代主义哲学的产生。

后现代主义哲学最先出现于艺术和建筑领域,之后影响到哲学、社会学、历史和道德等领域。它主张对一个历史时期、一种思维方式与知识体系的超越,并"提出以逆向思维分析方法批判、否定、超越现代主义的理论基础、思维方式、价值取向为基本特征的思维方式"③,"发动了一场变革,以使人摆脱机械的、科学化的、二元论的、家长式的、人类中心论的、穷兵黩武的和还原的世界"④。就人与自然之间的关系而言,非人类中心主义属于后现代哲学观的组成部分,它批判把人类与自然界割裂开来,主张人只是自然界的一部分,自然同样和人一样具有内在价值,应当将自然(包括森林)纳入道德调整的范围之内。

(三)非人类中心主义哲学观中人与自然之间的关系

非人类中心主义哲学观由一系列的排斥"人类中心"的世界观所组成,

---

① 卢风:《放下征服者之剑——关于自然与人类之关系的哲学反思》,《自然辩证法研究》1994 年第 6 期。

② 除了对现代哲学中关于人与自然之间关系进行反思之外,还包括它宣扬的"科学之上""理性之上"等:"理性之上"重新产生了思想禁锢;"科学之上"导致了对精神文明和道德信仰的缺失。

③ 冯俊:《后现代主义哲学演讲演录》,商务印书馆,2005 年版,第 6 ~ 8 页。

④ [美]大卫·格里芬:《后现代科学——科学魅力的再现》,中央编译局出版社,1998 年版,第 67 页。

这些世界观之间并没有形成统一的、具有逻辑、层次递进关系的认识。这些伦理观主要由阿尔贝特·施韦兹的"敬畏生命"、保尔·泰勒的"生物平等主义"、彼得·辛格和汤姆·雷根的"动物解放/权利论"、利奥波德的"大地伦理学"、阿伦·奈斯的"深层生态学"以及霍尔姆斯·罗尔斯顿的"自然价值论"组成。在所有的观点中,以霍尔姆斯·罗尔斯顿的"自然价值论"的影响最为广泛、深刻。

"敬畏生命"伦理观是阿尔贝特·施韦兹(Albert Schweitzer)提出的,他认为人越敬畏自然的生命,就越敬畏人的生命,生命不能区分为高级与低级、有价值与无价值,应当把其余生命纳入伦理学的范围[①];他还强调发挥和扩充主体的同情心,如果人对其他生命麻木不仁,就丧失了同享其他生命的幸福的能力[②];"大地伦理学"是美国人利奥波德(Aldo Leopold)提出的。在他看来,"大地共同体"是一个由生物和无生命的生物组成的"高度组织化的结构",通过这个结构太阳能得以循环。这个结构底层是土壤,往上依次是植物层、昆虫层、鸟类与啮齿类动物,最顶层是大型食肉动物;人对生物共同体的义务主要包括两个:保护生物体在结构上的复杂性以及支撑这种复杂性的生物多样性;人对生物共同体的干预不应过于剧烈,人为改变的激烈程度越小,金字塔自我修复的可能性就越大。这种学说把对自然的保护建立在伦理的基础上,倡导了整体主义的环境伦理,扩展了伦理的范围,具有较为广泛的影响[③]。"动物解放/权利论"是由澳大利亚哲学家彼得·辛格(Peter Singer)提出,美国哲学家汤姆·雷根(Tom Regan)进一步发展的理论。辛格认为所有的动物都是平等的,但是又承认人的权利和动物是有差别的,在实际的生活中,人类应当限制为了自己舒适生活而增加动物痛苦的行为。人与动物之间并不存在泾渭分明分界线,动物也具有感受愉快、痛苦和幸福的能力。雷根发展了这些理论,他认为只有假定动物拥有这些权利才能杜绝人类对动物的无谓伤害。动物(至少某些哺乳动物)也具有值得人类尊重的天赋价值,应当赋予它们不遭受痛苦的权利,以一种尊重它们身上的天赋价值的方式对待它们[④]。

在众多的非人类中心哲学观中,以霍尔姆斯·罗尔斯顿(Holmes Rolston)的"自然价值论"影响最为深刻和广泛。本书以其观点作为代表,阐

---

① 施韦兹:《敬畏生命》,陈泽环译,上海社会科学院出版社,1996年版,第9页。
② 施韦兹:《敬畏生命》,陈泽环译,上海社会科学院出版社,1996年版,第131页。
③ [美]纳什:《大自然的权利:环境伦理学史》,杨通进译,青岛出版社,1999年版,第82~83页。
④ Tom Regan:The Case for Animal Right(Routlege,1984)p234.

述非人类中心主义哲学观对人类的影响。

1."荒野自然观"的本体论

"荒野"之类的词语是非人类中心主义哲学家们青睐的概念,从利奥波德到罗尔斯顿直至奈斯,都把它视为自然内在价值的发生源。在他们看来,"荒野"是受人类最小干扰或者未经开发的地域和生态系统,具有自然科学已经证明的、与生俱来的伦理学品格:

第一,系统性。即使是人类中心主义者,也承认自然界中的"荒野"具有复杂性,依靠最先进的科学技术也无法穷尽其内部生物的种类、数量,而这些生物在各自履行自己的职责,"通过自然界神秘的、复杂的结构,它们相互依存,共生诉求,构成生态自然的生态系统"[1]。例如"大地伦理学"的倡导者利奥波德(Aldo Leopold)提出,"大地"本身即是一个相互联系的有机整体,每个事物都是这个整体密不可分的组成部分,土地、高山、河流、大气圈都是地球的器官、器官的零部件,每一部分都有特定的功能;罗尔斯顿的代表作就是《哲学走向荒野》,他认为自然就是一个人类与非人类组成的结合体,"把所有的事物都组合成个体生命,并使它们之间的结合如此松散,以致仍能作为其环境中极为珍贵的部分存在;同时又是如此的紧密,以致生养万物的生态系统优先于个体生命"[2];奈斯的"深层生态学"也建立在荒野自然的生态系统之上,他把自然看成是由一个基本精神和物质实体组成的"无缝之网",人类与非人类都是这个"生物圈网上或者内在关系场上的结",世界根本不是分为各自独立的主体与客体。

第二,自组织性。借用"荒野"的名称,非人类中心主义者们倡导的"大地""荒野"等客观存在,不但有着一定的边界限制,而且还存在着客观的有序结构,并通过与边界之外的客观存在进行物质、能量以及信息的交换,维持并推动自身的发展。"大地""荒野"的自组织性决定了"它是自我生成、自我塑造的,并不需要人类的关心与干预。即使是人,也不过是这种自组织的织物。因此,自然存在不是以人的存在为要件的,而人的存在反而以自然的存在为前提"[3]。

第三,先在性。从时间发生的顺序来看,"大地""荒野"等远远早于人类

---

① 孙道进:《哲学座架下的非人类中心主义梳理》,《山西师范大学学报(社会科学版)》2006年第3期。

② [美]霍尔姆斯·罗尔斯顿:《环境伦理学》,中国社会科学出版社,2000年版,第248~249页。

③ 孙道进:《哲学座架下的非人类中心主义梳理》,《山西师范大学学报(社会科学版)》2006年第3期。

的产生,正是自然界的各种存在和因素的相互作用,才产生了人类。换句话说,人类只不过是自然界长期演变的结果,人类也是自然界中"大地""荒野"的一部分,是大自然的作品。作为整个生态系统之中的一环,人类的一切活动必须受制于自然、从属于自然。人类打破自然规律、对自然肆意妄为定会导致生态系统的崩溃,崩溃也必将以人类的自我毁灭作为结语。因此人类必须善待自然、尊重自然。

第四,同质性。利奥波德认为:"事实上,人只是生物队伍中的一员。很多历史事实至今都是从人类活动的角度去认识,而事实上它们都是人类和土地之间相互作用的结果。土地的特性,决定了生活在上面的人的特性。"[①]他还要求人们从自然的角度、以自然的方式思考或者看待问题,即"像山那样思考",从而彻底消除人与物的区别;罗尔斯顿把自然定义为一切物理、化学和生物过程的综合,也没有理由把人类的能动行为也包含在自然之内。"不管我们愿不愿意,自然规律都在我们身心里起作用。"[②]

总之,自然具有系统性、自组织性、先在性和同质性等特征,是非人类中心主义荒野自然观的核心旨趣,无论是自然内在价值的认识论还是整体主义的方法论,都是荒野自然观在各自领域内的展开、延伸。

2."自然内在价值"认识论

人类中心主义者认为,只有"人"才是内在价值的拥有者,自然界和自然存在物根本不存在价值,所有客体的价值都取决于它们对人的贡献。即客观事物与人的主观目的和需要发生关系之后,才能获得价值。只有"人"才是实践的主体、认识的主体和价值的主体,自然界只是实践的对象、认识的对象和价值的客体。人在加工、改造自然界时,还把自己的目的和需要转化为内在的尺度,并依据这种尺度进行评价。符合主体目的、满足需要的程度即为价值。而非人类中心主义则主张这种主观性评价"价值"之外,还存在价值的多样性:内在价值。荒野自然观的系统性证明自然与人在价值评判上是等同的,荒野自然观的自组织性证明自然与人一样是能动的主体,荒野自然观的先在性证明自然与人都是自然创生性的表征,荒野自然观的同质性证明自然和人都是自然界的存在形式。上述自然的特点表明"它的价值是自然情景中所固有的价值,不需要以人类作为参照"[③]。

---

① [美]奥尔多·利奥波德:《沙乡年鉴》,吉林人民出版社,1997年版,第1995页。
② [美]霍尔姆斯·罗尔斯顿:《哲学走向荒野》,吉林人民出版社,2000年版,第43页。
③ [美]霍尔姆斯·罗尔斯顿:《哲学走向荒野》,吉林人民出版社,2000年版,第189页。

谁能成为道德关怀、义务对象的根据呢？或者说成为道德关怀、义务对象的根据是什么呢？对此，学者们认识并不一致，但是较为一致的看法则是：只有拥有内在价值，才能成为道德关怀的对象。毫无疑问，人是具有"内在价值"的，荒野自然观的确立，自然具有系统性、自组织性、先在性和同质性，使得自然也具有"内在价值"。通过这种类型化的方法，自然成为道德关怀的对象也就顺理成章。

二、人与森林关系的应然取向

毫无疑问，哲学观中对人与自然之间关系持何态度对制度尤其是法律制度的生成有着重要的影响。立法者构建法律制度的哲学观得到人们的认可，则该制度会被人们自觉地接受并执行；反之，很难被人们主动地实施、贯彻或者遵守，即使勉强实施，也会因为监督成本太人而难以持续。现实生活中有两种不同的哲学观，直接断言孰优孰劣是不负责任的，应本着理性的态度，认真分析在林权立法构造中应当以何种哲学观进行指导。

（一）哲学背景下人与森林关系的背离与接近

在人类历史的发展过程中，先后形成人类中心主义和非人类中心主义哲学观。就人与自然之间的关系而言，两种哲学观分别持有不同的观点。不同的观念导致人与森林之间的关系时而以紧密为主，时而以分离为主。总体说来，人与森林之间的关系可以分为三次背离与接近：

第一次背离与接近是类人猿进化到现代人时期。以被子植物为代表的森林为人类的祖先提供了丰富的食物与生存空间。但是由于进化的存在，类人猿的前肢得到解放，难以在树上攀缘自如，不得不下地直立行走，再加上其他的某些生理进步，使得类人猿进化为人类而逐渐脱离森林，产生了与森林的第一次背离。在背离的同时也需要接近森林：森林提供了最基本的生活生产资料、居住场所。在这种背离与接近中，人类逐步完善自身。

第二次背离与接近是进入农耕文明时期。经过原始社会漫长的积累，人类社会经历了三次社会大分工，生产力有了初步发展。农耕社会中人类不再以森林为主要的劳动对象，而是以农业种植为主要生活方式，出现了第二次背离。但是在背离的同时仍然离不开森林："农桑"是农耕社会的代名词，衣食住行与森林仍然密不可分。

第三次背离与接近是进入工业社会时期。三千年的农耕文明既促进社会全面进步，也带来了局部的生态恶果。为了追求农业种植单纯数量的增加，大量森林被采伐变成农田。到来的工业文明不但未遏制这种趋势，反而把森林作为一种资源，更加肆意地摧毁。这次背离更加直接、粗暴和残忍。由于森林资源利用的直接性和简便性，它是工业化初期最主要的猎取对象，

几乎所有的工业化国家大都经历过无林化的过程。农耕文明仅对黄河中下游的森林造成破坏,而几十年的工业文明远远超过了三千年农耕文明对森林的破坏。频繁的水灾、沙尘暴等灾害性天气直接影响了人类的生存。为了缓解人类生存的压力,人们不得不重新和森林接近。

(二)不同文明阶段中人与森林的关系

在先古时代,对于人类来说,恶劣的森林环境逼使人类离开森林,生存是第一位的。但使用木器、利用林火、构筑木巢等都显示了人与森林关系的密切,甚至有学者认为由以上因素构成的森林文化,与北部的游牧文明、中原的农耕文明和南部的游耕文明共同组成了中华文明①。此时,对自然乃至森林的恐惧与崇拜便是顺理成章的事情。

在农耕文明时期,中国古代确立的"天人合一"的环境哲学思想,极大限度地保护了森林。"天人合一"是汉代董仲舒在其著作《春秋繁露》中提出的:"事物各顺于名,名各顺于天。天人之际,合而为一。""木,五行之始也。……木生火,火生土,土生金,金生水,水生木,此其父子也。""天人合一"和五行学说的盛行,体现了当时人对上天的敬畏和对自然规律的自发服从。把自然现象和人们的生活乃至政治活动联系起来,有利于避免对自然、森林的破坏。在中国的农耕社会中,中国人缺乏明确的主客二元对立。习惯的是整体性思维,喜欢把哲理融入感性的生活:简单的生活称之为"粗茶淡饭"、走路艰难称之为"披荆斩棘"、物极必反称之为"兵强则灭、木强则折",等等。

工业文明是生产力得到空前发展的时期。理性主义的本体论、主客二分的认识论,使得森林注定是社会物质的主要承担者、劳动与征服的对象。工业文明完全是森林的"杀手",在这一时期确立的人类中心主义哲学观陷森林于无穷的灾难之中。伴随着森林的大规模消失,人类终于发现自己被置身于冰冷的钢筋混凝土中,距离自然生态越来越远。

在生态文明时期,人与自然、人与森林之间的关系应当走向和谐。在人类社会发展历程中,先后经历了游牧文明、农耕文明和工业文明,人与自然之间的关系也经历了以接近为主、以分离为主两个时期。事实证明割裂人与自然、森林之间的有机联系,带来的是环境的恶化、人类生存条件的丧失。生态文明是新的文明形态,"它以人与自然协调发展为准则,要求实现经济、

---

① 苏祖荣:《森林文化:中华文化的源头》,《中国林业与生态史研究》,中国经济出版社,2012年版,第248页。

社会、自然环境的可持续发展"①。在生态文明中,它改变以人为中心的价值观,追求"人—自然"的整体价值观,人的活动应当符合"人—自然"系统的整体利益。具体到人与森林之间的关系而言,则是人不能仅将森林的经济利益作为追求的目标,森林自身的生存发展、提供的生态利益以及休闲、美学、健康、宗教信仰等利益,同样为人类与森林所共适。

（三）人与森林关系的应然取向

1. 对农耕文明、工业文明中人与森林关系的评价

建立在传统的分散型小农自给自足的自然经济的农耕文明,形成了"天人合一"环境哲学思想。在这种思想的指导下,人与自然、森林关系有着相对的稳定性,表现出暂时的和谐与安定。但是这种思想"最主要表现为一种人生哲学,其中作为主体的行为规范的一个显著特征是缺乏制度化的构建"。当它被作为建制化的文化意识时,并不是从制度层面对人与自然关系的全面阐述。随着小农自给自足的自然经济必然走向解体,这种建立在传统农耕文明基础上的直觉主义的环境哲学思想走向没落也是一种必然。

文艺复兴、启蒙运动开启了人类认识自我的步伐,形成了以理性主义为本体、主客二分为认识论的人类中心主义哲学观。理性主义促使人认清了自己,但主客二分的认识论让科学技术在征服自然时不需要任何道德负担,森林等自然对象完全成为人类实践、作用的客体,并付出了环境恶化——人类基本生存安全面临挑战的代价。

基于人类基本生存安全受到的挑战,人们对自己的哲学观进行了反思,并提出了非人类中心主义哲学观,提出了荒野自然观的本体论和自然内在价值的认识论,希望通过反思以前关于人与自然之间的关系,来缓解人与环境的对立紧张关系。这种良好的出发点必然对"人"的利益乃至主体资格造成影响,势必引起既得利益者——"人"的反对与抵抗。再加上原有哲学观固有的沉淀和非人类中心主义哲学观本身的不完善性,人与自然、森林之间的关系在今后的一段时期内得到明显改善的可能性并不大,但是随着非人类中心主义哲学观的深入,人与自然之间的关系可望得到改善。

2. 人与森林关系的应然选择

（1）森林具有多重价值。森林是陆地生态系统的主体。正是在森林里,人类才得以一步步进化,成为真正意义上的"人类"。森林为人类提供了最初意义上的食物、住所。在现代社会中森林提供的价值也是多种多样的:与人类直接相关的便是经济价值(各种林产品通过在市场上销售而产生经济

---

① 钱俊生、赵建军:《生态文明:人类文明观的转型》,《中共中央党校学报》2008 年第 1 期。

上的利益),除此之外其他价值也是不可或缺的:生态价值(森林根据自身的属性,能够固碳释氧、防风固沙、涵养水源等与人类生存相关的各种价值)、支撑生命价值(森林是一个进化的生态系统,在其存续期间创造了成千上万的物种,并且滋养着生长于其中无数生命)、消遣价值(森林是丰富进化的生态系统,置身于其中有助于人的身心愉悦,激发人的创造性)、科学价值(森林以其自身的丰富多样性提供给研究者,具有很高的科学价值)、审美价值(徜徉在森林之中,可以欣赏森林的氛围美、动态美和意境美)、历史价值(森林在地球上已经存在了几亿年,人类只是在其中走过几百万年,人类历史足迹的记录只有几千年而已)、文化象征价值(许多植物常被用来作为民族性格或者文化的象征)以及塑造性格价值、宗教价值和基因多样化价值。

(2)人的生存与发展离不开森林。这些价值都与人类的生活、生产乃至生命息息相关,但它们被赋予同一个对象——森林。就"价值"的概念而言,它是物对于人类的满足和需要程度,森林这些特点,都是基于人的需要而产生的。"经济价值"满足人类的物欲需求,"生态价值"满足人类生存环境安全的需求,"消遣、审美价值"满足人类精神生活的需求,其他价值从不同的角度满足人类不同的需求。在人类的生存和发展中,森林发挥着不可替代的作用。

就森林而言,这些都是自身属性的反映,没有先后、高低、大小之别;但是森林之于人类,各种"价值"马上凸显其先后、高低和大小。"经济价值"由于与人类的直接相关性,最早为人类所重视。在人类中心主义哲学观指导之下,森林的经济价值最先被发现、最先被利用和最先被规范,并且只能作为客体之于人类而存在。这种哲学观关注的是个体的感受,把幸福理解为个人感性的满足,导致了享乐主义和消费主义的盛行。而由于生态价值与其他非经济价值的无形性、与人类利益的非直接性,人类中心主义哲学观没有将其纳入人类反思的范围,出现生态危机便不可避免。

在人类中心主义哲学观的框架下,对人的价值理念、技术发展和制度构建所进行的调整,只能暂时缓解人类生存的压力,不能从根本上解决人类中心主义哲学观带来的生态危机。因而,构建和谐的人与森林之间的关系,必须从反思人与自然之间的关系入手。

第二节 林权立法构造的理念基础：
法学理念更新的融入

对人与自然之间关系的认识，直接关系到林权法律的制定。法律的制定是以一定的价值理念为前提的。人类中心主义哲学观指导下的私法以人为中心，仅追求经济价值以保证人的主体资格不断完善与强大，割裂人与自然、森林之间的关系，并不利于林权所包含的多重利益的实现。哲学研究的转向——非人类中心主义哲学观，认为人与自然本为一休，人应当尊重、保护自然和森林；法学理念也悄然发生更新，为林权多重价值的保护提供了机遇。

一、哲学转向与法学理念的更新

法学是以研究法、法的现象以及与法相关问题的专门学问，是关于法律问题的知识和理论体系。哲学是人类精神的反思，是对关于自然、社会与人的精神生活的反思。它作为"一切科学的科学"，法学只不过是其中一个小的分支。"一方面，哲学以对思维与存在的关系根本原理的研究，为法学提供理论前提；另一方面，法学以法律现象自身的知识，作为哲学概括的前提。由于哲学为法学提供理论前提，因而哲学对法学起着指导作用。在不同的哲学观指导下，有着不同的法学。同样，由于法学作为哲学概括的前提，因而法学对哲学起着提供素材的作用。不同性质的法学，有着不同的哲学。这种一般与特殊的关系是互相补充的关系。"①

人类中心主义哲学观主张的理性主义的本体论、主客二分的认识论创造了人类社会的伟大进步，由其引发的文艺复兴、宗教改革及其启蒙运动使人类走入了现代社会，并因此而被称为现代主义哲学。以此为认识基础的法学构建各种制度予以支持：第一，借助理性主义的本体论，建立、完善"法律体系"以不断提高法学地位。比照自然科学的"公理""演绎""实验"等方法，构建价值中立、完美的"法律体系"无不是每个法学家的梦想。通过不断扩张法学研究对象的范围，人的各种行为不断被纳入法学研究范围之内。第二，从主客二分认识论出发，建立、完善精巧的"法律关系"保证人的主体

① 倪正茂：《法哲学经纬》，上海科学院出版社，1996年版，第698页。

地位。"法律关系"设立之初,便首先将"人"作为"法律关系"的"主体",并不断扩大"主体"的范围;将自然界存在的各"物(包括森林)"视为"法律关系"的"客体"。通过拟定法律规则保护主体作用于客体的正当性与合法性,为人类开发、利用自然界各物提供了制度保障。例如私法理念中,所有权神圣、意思自治(契约自由)、地位平等内容贯穿私法领域的全部。这些理念为弘扬人的主体性,鼓励人的创造性,自然界中包含经济价值的物的归属、利用和交易设计了堪称"完美"的制度。正如蔡守秋教授所言:"法学研究是受现代主义影响最深的学科领域,现代主义的定式化思维、主客二分对立的方法、理性至上和理性万能等范式在法学领域表现得最为充分。"①

以人类中心主义哲学观为指导的法学体系构造、法律关系中主体与客体的设定,对于巩固人的主体地位、促进经济繁荣发展做出了巨大的贡献。但是以这种哲学观为指导的法学体系割裂了人与自然之间的关系,鼓励法律主体——人最大限度地追求法律客体——自然界各物的经济价值,不能纳入客体的其他价值——生态价值与其他非经济价值,则被法律所忽视。从而构建了"经济主义—消费主义—享乐主义"的社会结构。

人们对发展至顶峰的人类中心主义哲学观进行的反思,导致了哲学研究的转向。后现代哲学应运而生,它主张对一个历史时期、一种思维方式与知识体系的超越,并"提出以逆向思维分析方法批判、否定、超越现代主义的理论基础、思维方式、价值取向为基本特征的思维方式"②。就人与自然之间的关系而言,非人类中心主义属于后现代哲学观的组成部分,它批判把人类与自然界割裂开来并看作是整个自然界中心的观点,主张人只是自然界的一部分,自然同样和人一样具有内在价值,应当将自然(包括森林)纳入道德调整的范围之内。在这种哲学观指导之下,法学也在悄然发生着变化:开始用整体主义思维方式保护各种利益、主体与客体出现一体化的趋势,各法域对原有立法理念进行了修正、调整。

二、法学理念更新

(一)私法理念的修正

1."意思自治"的限制

意思自治又称为私法自治,是指在私法领域内当事人依照自己的意志独立创设、变更或者消灭民事法律关系,不受国家和他人的非法干预。诚如

---

① 蔡守秋:《论法学研究范式的革新——以环境资源法学为视角》,《法商研究》2003年第3期。

② 冯俊:《后现代主义哲学演讲演录》,商务印书馆,2005年版,第6~8页。

法国学者卡尔伯尼埃指出，"意思自治以契约自由原则为核心，并在事实上已经成为民法的基本原则"①，支配整个私法的"最高原则""民法之基础""私法根本价值之所在"②。一般而言，意思自治原则的合理性建立在以下几个理论预设基础之上：抽象人格基础之上的平等性与互换性、理性的经济人预设、社会利益与个人利益的一致性③。

但是随着时间的推移，意思自治的理论预设被证明已经受到严峻的挑战：第一，平等性和互换性的丧失，致使抽象人格的崩溃。经济生活的巨大变化使得形式上的平等无法在现实生活中体现出来，更不能保证人与人之间不存在支配与被支配的关系，尤其是处于弱势地位的人的权利被无形地剥夺。第二，理性经济人的"不理性"。现实生活中人的人格被预设"理性的经济人"，市场经济的竞争却导致一定程度的垄断，垄断者当然比一般的主体具有更多的信息优势，这种信息的不对称以及许多外部性问题的存在，每个人不可能都做出最有利于自己的"理性"判断。第三，社会利益和个人利益在同一性的同时，也表现出矛盾性。虽然市场中的理性人在满足个人利益的同时，也不自觉地促进了社会利益，但是社会利益绝非个人利益相加的总和，"公地的悲剧"已经很好地说明了这一点。

既然理论预设受到了挑战，从契约自由中脱胎而来的"意思自治"原则必然受到修正。修正最主要的方式便是由位于最高位阶的民法原则——诚实信用原则、公序良俗原则对其进行限制：

（1）诚实信用原则对意思自治的限制。诚实信用原则"要求当事人在进行民事活动时，应当从善意出发，正当地行使权利和承担义务，维持当事人之间以及与社会利益之间的平衡关系"④。它要求意思自治主体的行为必须以善意的心理状态为法律行为，若无法律明确规定的情况下应当以社会公认的方式进行活动；意思自治主体在民事活动中要维持双方的利益平衡、个人利益与社会利益的平衡。诚实信用原则有效地确定了意思自治的界限："自治"必须"善意""平衡"。

（2）公序良俗原则对意思自治的限制。公序良俗原则由公共秩序和善

① 尹田：《法国合同权法》，法律出版社，1995年版，第14～15页。
② 董安生：《民事法律行为》，中国人民大学出版社，1994年版，第3页。
③ 梁慧星：《从近代民法到现代民法——二十世纪民法回顾》，《中外法学》1997年第2期；孙鹏：《论意思自治——兼论从近代民法到现代民法》，《安徽大学法律评论》2004年第2期；侯佳儒：《近代民法的现代性危机及其后现代转向——兼论当代民法使命》，《中国政法大学学报》2009年第2期。
④ 赵万一：《对民法意思自治原则的伦理分析》，《河南政法管理干部学院学报》2003年第5期。

良风俗构成,它是指主体实施的民事行为,应当符合社会存在及其发展所必要的一般秩序和一般道德。事实证明,绝对的意思自治带来的对个人利益肆无忌惮的追求既损害他人利益又损害公共利益,对其进行必要的限制具有正当性。"他人利益"自有"其他意思自治人"对"意思自治人提出的本人利益"进行相对限制,但是"公共利益"由于其主体的不特定性,无法借助具体的"人"对"本人利益"进行限制,不得不借助公权力——建立公序良俗原则予以维护。公序良俗原则作为社会公共秩序和一般道德进行规定的公理性原则,只有在符合公序良俗原则的前提下,才有意思自治原则的适用问题。公序良俗原则对意思自治进行了矫正:自治必须符合一般秩序、道德。

2. 所有权社会化的发展

在民法、物权法领域,所有权是所有权人对所有物最为完全的支配权,是最典型和全面的物权形态,因此被视为"神圣不可侵犯"并赋予绝对权的地位。"这种绝对权之始直接针对的是封建王权,对抗的是封建国家对私人财产的恣意侵犯。"[①]之后的自由资本主义阶段,自由的所有权带来了自由的竞争,从而促进了经济的发展。到了垄断时期,绝对的所有权发生了异化,造成事实上的不平等、社会财富的浪费与配置的低效率、个人利益与社会利益的冲突等不平等现象,便产生"社会本位的所有权思想取代个人本位,而成为社会思想的主流,财产权应当承担一定的社会义务,应该受到一定限制的观点日益普及"[②]。

谈及所有权社会化时,学者们往往从德国学者耶林提出的"社会性的所有权"主张开始算起,"其实早在罗马法时期具有绝对性的所有权也是受到限制的:因相邻关系的限制(例如相邻田之间通行和邻地的规定)、因公共利益的限制(例如征用制度、土地所有权人荒废土地可能导致失权)、因宗教方面利益的限制(例如对墓地的保护而对他人土地所有权进行限制)"[③]。耶林提出的"社会性所有权"却是针对所有权异化提出的对所有权的限制:他认为没有绝对的财产,也不存在不用考虑公共利益的所有权[④]。法国学者狄骥提出财富的持有者即所有权人只有完成社会功能的义务,他的权利才能被很好地保护。如果他完不成这个义务,国家强迫他完成这种社会功能的干

---

① 董学立:《物权法研究——以静态与动态的视角》,中国人民大学出版社,2007年版,第116页。

② 梁慧星:《原始回归,真的可能吗?》,《民商法论丛》法律出版社,1996年版,第7页。

③ 董学立:《物权法研究——以静态与动态的视角》,中国人民大学出版社,2007年版,第114页。

④ 肖厚国:《所有权的兴起与衰落》,山东人民出版社,2003年版,第201页。

涉是合法的①。德国的《魏玛宪法》和《德意志联邦共和国基本法》便很好地贯彻了这个思想。

罗马法的这些规定没有过时,所有权的限制、社会化如今重新焕发了生机。对所有权进行限制、社会化主要包括两个方面:

第一,公法的限制。从公法的角度对所有权进行限制主要体现在以下几种方式:①征收。国家为了公共利益的需要(例如生态环境安全),依法定程序强制获得他人财产并支付补偿费的行为。②征用。为了紧急公共利益的需要,强制取得所有者所有财产使用权的行为。③其他限制行为。公法限制的主要功能往往不能细化到个人,而是一种抽象的、防止社会总体利益减少的直接手段。它着眼点首先在于"公平"(包括区际公平、代际公平)而非经济交易的"效率"。

第二,私法的限制。对所有权进行私法上的限制主要体现在一些制度的构建,例如不动产相邻关系、所有权转让的限制、时效取得制度和善意取得制度。

3.物权客体的拓展

"客体"既是哲学上又是法学上的概念。哲学上的客体(object)是指"存在于主体之外、不以主体意识而转移,并能够为主体所认识的客观现象"②。而法律关系的客体,则是"权利和义务的指向对象,主要包括物、行为和智力成果等"。法学属于人文社会科学学科的一个分支,而人文社会科学又属于哲学研究的内容之一,因此法学上的客体既有哲学上的客体的共性:不以主体意识而转移、客观性,独立于人的意识之外并能为人的意识所感知和人的行为所支配;又具有本学科自身的特殊性:能够满足主体的物质利益和精神需要并得到法律的确认和保护。随着科技的不断发展,原本不属于哲学客体、法学客体的客观现象,不断地被纳入哲学、法学的范畴之内。

作为部门法之一,民法中的物权客体制度有着近乎苛刻的要求,这主要是因为它的调整对象与人的主体性息息相关:不论是财产关系还是人身关系,直接关系到人的主体能否实现、如何实现以及实现程度如何。对于物权客体制度中的"物",必须具备以下条件:①须为有体物;②须具有可控制性;③须为独立物;④须为特定物③。"这种理论全盘继承了机械论哲学观对主客体关系的认识:一是强调物对人的有用性——追求纯粹的工具性价值,为

---

① [法]狄骥:《〈拿破仑法典〉以来私法的普通变迁》,徐砥平译,中国政法大学出版社,2003年版,第148页。

② 中国社会科学院语言研究所词典编辑室:《现代汉语词典》,商务印书馆,2002年增补本,第717页。

③ 梁慧星、陈华彬:《物权法》,法律出版社,2003年版,第23页。

人类服务就是物获得法律地位的全部理由;二是强调人对物的支配性——将物置于人的对立面,以实现对物的控制和利用为目的。"①

通过以上分析我们可以看到,构成物权客体——"物"的成立要件既具有一定的客观性,但仍具有主观性:"有用"与否、"控制、支配"与否,等等。这正说明物权客体的开放性:"物"的范围不是僵化的、一成不变的,而是动态的、发展的,固化、神话"物"的概念和范围并不可取。更为重要的是,科学技术的发展让人们对"物"的认识应接不暇,"各国民法典对物权客体属性做出规定与科技发展史的时间吻合度非常高,这也印证了自然科学对法学上物概念的不断影响过程"②。因此从这个意义上说,"物"的范围是不断拓展的:

第一,形体上的拓展。虽然物权法上的"物"强调的是有体性,其实仍局限在"固态""液态"状态的物,气态的物很难成为物权法的客体,更遑论不能以一定形态存在的无体物。但是随着科学技术的发展,一部分无体物例如电、光、声已经成为物权法的客体。因此片面强调物的有体性,不符合物权法的发展方向。"在特殊情况下,物权法有关有体物的规定,也可以准用于无形财产。依照法律规定,无形财产也可以成为物权客体,并受物权法的调整。"③

第二,"独立性"内涵的扩展。所谓独立物是指"能够与其他物区别开来而独立存在之物"④。依据传统的观念,"物"必须具有物理上的独立性,才能成为"独立物"。但是随着社会的发展,这种"独立性"的内涵也不断扩展:如果交易上的观念(例如土地面积的确定)或者法律的规定(例如建筑物区分所有权的界定)能够将物与物分割开来,同样也是"独立性"的内容。

第三,"控制、支配"能力的增强。"控制"原意为"掌握住不使任意活动或者越出范围,使处于自己的占有、管理或者影响之下"⑤;"支配"原意为"对人或者物起引导和控制的作用"⑥。从词义上辨析,"控制""支配"强调

---

① 刘长兴:《公平的环境法——以环境资源配置为中心》(环境法之树文丛),法律出版社,2009 年版,第 47 页。

② 杨立新、王竹:《论自然力的物权客体属性及法律规则》,《法学家》2007 年第 6 期。

③ 王利明:《物权法研究》(修订版),中国人民大学出版社,2007 年版,第 79 页。

④ 崔建远:《我国物权法应选取的结构原则》,《法制与社会发展》1995 年第 3 期。

⑤ 中国社会科学院语言研究所词典编辑室:《现代汉语词典》,商务印书馆,2002 年增补本,第 723 页。

⑥ 中国社会科学院语言研究所词典编辑室:《现代汉语词典》,商务印书馆 2002 年增补本,第 1611 页。

的都是主体对物的"掌握""引导"作用。这种"掌握""引导"作用不是一成不变的，而是随着主体的认识能力的深化和科技的不断发展而增加的，"可控制、支配"的物必然随之增加。

综上所述，当今社会民法上"物"的内涵与外延是不断扩大与发展的，固化、神话"物"的范围，只能使民法、物权法故步自封，无法应对自然科学发展带来的巨大变化。只有在形体上、独立性和控制支配能力上重新对物进行定位，才能适应时代的潮流。

（二）公法理念的调整

自 20 世纪末以来，世界各国的政治、经济发生了巨大的变化，民主、法治、人权等观念深入人心，典型的公法——行政法的"管理论"理念——忽视民主注重效率模式，已经逐渐淡出了历史舞台，新的行政法理念——"平衡论"进入学者们的视野①：它强调行政权既要受到控制又要受到保障，公民权利既要受到保护又要受到约束；行政权与公民权之间既应相互制约，又要相互平衡；现代行政法既不是管理法也不是控权法，而是保护行政权与公民权处于平衡状态的"平衡法"。这对于兼具私人物品、公共物品属性的林权客体——林木、林地等进行制度设计、法律拟定时，又将面临新的选择。

虽然林权客体包括哪些内容学者们认识并不一致，但是林木、林地等却是较为一致的看法②。林木、林地等不同于一般的物，它们的经济价值具有私人物品的属性，即在使用上具有消费的排他性、竞争性，但生态价值与其他非经济价值却具有公共物品的属性，即在使用上具有消费的非排他性和非竞争性。这种兼具私人物品、公共物品属性的物，决定了在制度设计、法律拟定上必须有私法、公法手段的运用。在现实中，对林权有关内容的规定，除了散落在民法、物权法等私法的规定外，更多的见于《森林法》《森林法实施条例》等行政法的公法的规定之中。

对于森林资源、森林、林木、林地等涉及"林权"的规定，主要存于《森林法》《森林法实施条例》等法律、行政法规以及规章和规范性文件之中。这些规定主要有以下特点：第一，突出保障国家、公共利益的作用，弱化公民个人利益的保障。为了保护林木的生态价值与其他非经济价值——这一公共物品，直接设定了对所有林权主体的采伐、运输、经营加工等行政许可，从林木

---

① "平衡论"由罗豪才教授首先在《现代行政法的理论基础——论行政机关与相对人一方的权利义务平衡》（《中国法学》1993 年第 1 期）首先提出，并很快在我国行政法基础理论研究领域引起反响，此后该理论逐渐发展、影响日益扩大。

② 有的学者认为还包括森林资源、森林等。具体详见第三章第一节关于林权客体的论述。

的种植一直到林木被加工至其他林产品,都未离开国家的监管,除了毒品、枪支等物之外盖莫过焉。禁止个人采伐本人所有林木不仅没有任何补偿,更有甚者,未经许可,个人采伐、运输和经营加工个人所有林木将面临行政处罚乃至刑事责任的追究,明显违背了行政合理性原则和刑法谦抑性原则,严重弱化个人利益的保障。第二,在对林权的规定中,行政管理、行政法两种方法的交叉混用。在对林权进行行政管理的过程中,设定采伐限额计划、组织植树造林和严格控制采伐限额等,通过上升到法律的层次,变成法律的一部分进行管理。第三,行政法手段对林权保障采取"命令—服从"模式,忽视行政救济功能的发挥。在整个森林法体系中,坚持"林业主管部门"就是权力机关,公民法人和其他组织就是义务主体,两者之间始终是权力义务不平等的关系,相对方应当服从森林法的规定,否则就要承担行政责任,行政救济机制缺失,"林业主管部门"的责任在森林法中少之又少。

上述特征无不反映了《森林法》《森林法实施条例》等法律法规作为行政法早期的立法理念——管理论。"管理论以管理者为本位,以行政机关的管理职责为使命,把'法'作为社会公共事务的管理工具,忽视行政相对人的权利,忽略了对管理者的监督,过于强调行政效率和行政特权,加深了行政领域的官本位。"①虽然"管理论"的产生有其历史、社会的必然性,在一定条件下对社会稳定和发展起了积极作用,但是这种理论有较大片面性,同现代社会的民主与法治原则并不适应。

(三)公、私法的融合——第三法域法出现

对于公法与私法划分标准的论述,可谓汗牛充栋、不胜枚举。虽然学者们从各自的研究角度对公、私法的产生背景、概念以及划分标准进行阐述,但对两者划分的理论基础并无太大的争议:私法与公法划分的实质是市民社会与政治国家的社会关系的体现;私法是调整市民社会内市民之间的关系,公法调整的是政治国家与市民社会之间的关系;两者划分的意义在于保持市民社会与政治国家的独立,防止政治国家对市民社会的恣意侵入。

强调市民社会、政治国家的分野,在理论上和实践上都有着积极意义。但是意图完全割裂两者之间的关系并认为两者完全不相干是不可能的:首先,实践中任何"法(包括典型的私法——民法)"的制定、修改和执行都与国家权力紧密相关,"市民社会"自身无法制定法律,必须借助"政治国家"才能

---

① 甘雯博士认为它有四个特征:强调行政权力的优越性;忽视个人权利的保障;有关行政程序和司法审查理论相对落后;以管理为中心,监督法、救济法处于很次要或者很落后的位置。具体见罗豪才主编:《行政法论丛》第1卷,法律出版社,1998年第24~28页。

完成；其次，建立在市民社会基础上私法自治的前提（"民事主体的平等性和角色的互换性、完全竞争的市场经济、个人利益与社会利益的统一性"①）是不成立的，私法规范自身无法提供安全、秩序等价值，必须借助公法的手段予以实现，私法公法化趋势并不可避免；最后，作为政治国家的政府，其理性的有限性、利益面前的不中立性，也需要私法手段的融入，便出现了公法私法化。这些都是公私法融合的表象，根本原因还是出现了新的利益——社会利益，它既不同于个人利益，也不同于国家利益。私法公法化或者公法私法化都是为了保护这种社会利益。

环境诸要素本身具有的环境利益属于典型的社会利益。现有的法律制度设计对环境要素的归属、利用和交易已经做了规定，体现了环境诸要素的私权性质；但是诸要素的归属、利用和交易过程中不可避免地与人的生活质量、安全健康——这些环境利益有着密切的关系，又非仅借助私法手段的运用能够完成，不得不借助公法手段实现保护环境的目的。正是借助环境要素体现的环境利益——涉及社会中每个人的生活质量、安全健康，在私法公法化过程中，环境法得以产生并成为独立的法律部门。作为环境要素之一的"森林"，在立法过程中应当规范森林体现的各种环境利益。

三、法学理念更新对林权立法构造的影响

（一）私法理念修正对林权立法构造的影响

1."意思自治"限制在林权立法中的贯彻——民法基本原则新解

民法具有包容性与开放性的特点，民事主体之间就意思自治形成的新权利不断被纳入民法中去，民法才有了生生不息的生命力。如前文所述，对意思自治进行限制主要通过诚实信用原则和公序良俗原则来实现的。在对林权立法构造过程中，对林权主体的意思自治也应当通过诚实信用原则和公序良俗原则来进行制约：

（1）诚实信用原则在林权立法中的贯彻。诚实信用原则确定了意思自治的界限："自治"必须"善意""平衡"。"善意"要求当事人不得损害对方利益，若无法律明确规定的情况下应当以社会公认的方式进行活动；"平衡"则是指民事主体要尊重他人利益、社会利益，以对待自己事务的注意对待他人，维持本人、他人和社会公共利益平衡。林权主体（无论森林、林木还是林地的所有权、使用权人，目前的法律框架下仍然属于民事主体的范围）就"林"这一客体为意思表示时，亦应当遵循这一原则。

---

① 钟瑞栋：《"私法公法化"的反思与超越——兼论公法与私法接轨的规范配置》，《法商研究》2013年第4期。

"绿色文明观念的建立是环境保护纳入诚实信用原则的核心。"①长期以来,自然环境保护(当然包括森林保护)一直是民事主体进行经济活动的背景,人们只注重其经济价值的实现,只注重当事人之间利益的平衡,忽视人类环境安全——这一公共利益的平衡,公共利益在本人利益、他人利益的三角中处于"漏斗"位置,不断为另外两者"榨取、吸收",表现在现实中就是生态平衡遭到破坏,人类环境安全不断恶化。在立法者对林权进行立法时,应当纳入"绿色文明理念":主体在为意思表示涉及森林、林地和林木时,必须崇尚自然,尊重森林、保护森林,注意森林生态利益与其他利益的表达,否则将无法平衡当事人之间的利益、公共利益之间的关系;主体在为经营行为涉及森林、林地和林木时,应当朝着有利于森林保护的方向发展;主体日常活动涉及森林、林地和林木时,应当回归森林、追求健康。

(2)公序良俗原则在林权立法中的贯彻。公序良俗原则是现代社会维护国家、社会存在与发展的一般利益、道德的基本原则。"公序"和"良俗"在大多数情况下其范围是相同的,均以社会生活的健康发展为目标,前者是自外部的社会秩序而言之,后者是自内部的道德观念而言之。现在,可持续发展与环境道德已经成为公序良俗的重要内容②。

"可持续发展"是指"既能满足我们现今的需求,又不损害子孙后代能满足他们的需求的发展模式"③。只重视经济价值忽视生态价值与其他非经济价值导致的生态危机使得人类开始反思这种不可持续发展的模式,"可持续发展"浮出水面:它要求在生态环境承受力的可以支撑前提下,解决当代经济发展与生态发展之间的关系;在不危及后代人需要的前提下,协调当代与后代之间的关系;在不危及全人类整体利益的前提下,协调不同国家、地区之间的利益关系。

"森林是陆地生态系统的主体,是陆地上面积最大、结构最复杂、生物量最大、初级生产力最高的生态系统,其特殊功能决定了森林在维持生态安全、维护人类生存发展的基本条件中起着决定性与不可替代的作用。"④森林大量被采伐、滥伐将导致一个国家、地区的环境承载能力下降,直接影响可

---

① 吕忠梅:《沟通与协调之途——论公民环境权的民法保护》,中国人民大学出版社,2005年版,第101页。

② 吕忠梅:《沟通与协调之途——论公民环境权的民法保护》,中国人民大学出版社,2005年版,第104~108页。

③ United Nations. 1987. Report of the World Commission on Environment and Development. General Assembly Resolution 42/187, 11 December 1987. Retrieved:2007-04-12.

④ 百度百科:http://baike.baidu.com/view/327235.htm。

持续发展的实现；传统意义上"道德"是用以调整人与人之间利益中关于善与恶、美与丑、真与假等的行为规范，是"人与人之间的关系"，而人与自然之间并不存在道德关系。这种建立在人类中心主义价值观下的道德观，环境诸要素从来不属于道德范围之内。以罗尔斯顿为代表的环境伦理学家反对这种观点，他认为包括森林在内的诸多环境要素具有同人相似的纯粹自在的，不依靠人的主观评价而独立存在的"内在价值"。正是森林等环境要素提供给人类生态价值与其他非经济价值，人类才得以存在与发展，因此应当赋予森林等环境要素道德地位，尊重森林、保护森林。

2. 所有权社会化在林权立法中的贯彻——环境保护义务的增加

虽然不能否认所有权绝对带来的历史性贡献，但是所有权进行限制、负担一定的义务却是不争的事实，即出现了"将公法的支配与公法的义务摄入物权概念内容之中"①的物权。这种"公法的支配与公法的义务"不是基于当事人的意思表示，而是个人利益与社会公共利益平衡的结果，在诚实信用、公序良俗原则的指引下产生的。其中在行使所有权过程中，注意环境保护义务则是"社会化"的表现之一。

现在的物权法中已经规定了物权负有环境保护的义务：《物权法》中所有权部分特别是相邻关系的制度，突出了对环境的保护②；用益物权人所负有的维护环境的义务③等，这些条文在客观上有利于资源性物的生态价值与其他非经济价值的保护。就"林权"而言，可以从两个方面实现其客体的生态价值与其他非经济价值：

第一，通过特别法规范林木和林木所有权、使用权，做出专门有利于环境保护内容的规定。现行民法对林权的客体规定的仅是经济价值的实现，对它的生态价值与其他非经济价值没有纳入范围。无论是林木所有权还是林地使用权的实现，经济价值的实现都会触及生态价值与其他非经济价值，但生态价值与其他非经济价值不能为林权人独立拥有，也不能为其他人所独占，属于典型的公共利益。在公共利益与个人平衡过程中，在给予林木所有者适当补偿的前提下，有必要通过专门特别立法对所有权进行一定的限制。

第二，通过解释学的方法，对有关概念、制度做出有利于环境资源保护

---

① 史尚宽：《物权法论》，中国政法大学出版社，2000年版，第3页。

② 《物权法》第九十条规定：不动产权利人不得违反国家规定弃置固体废物，排放大气污染物、水污染物、噪声、光、电磁波辐射等有害物质。

③ 《物权法》第一百二十条规定：用益物权人行使权利，应当遵守法律有关保护和合理开发利用资源的规定。所有权人不得干涉用益物权人行使权利。

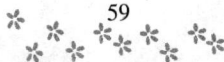

的解释。以林地所有权为例,它只能属于国家或者集体所有,属于完全物权,但是现在民法对所有权的解释已从"所有"向"利用"转变,所有权与其权能的分离为大家所接受,且类似的解释必须合理。

3.物权客体拓展在林权立法构造中的贯彻——多重价值保护

建立在牛顿自然力学—笛卡尔主客二分的哲学观,为了维护人的主体性,将除人之外的万物都视为客体。民法更是巩固了人的主体性,从维护人的需要角度出发设定了条件:有体性、独立性和控制性等,仅强调经济价值的实现。但是特殊的资源性物不但具有经济价值,而且还具有生态价值与其他非经济价值。这些价值同样与人息息相关,需要法律的保护。

如果意图借助民法模式保护森林的生态价值与其他非经济价值,仍无法摆脱"生态价值与其他非经济价值物化→物→客体→民法、物权法→保护"这一路径。不过如前文所述,物权客体也是在不断拓展的:形体、独立与控制等。随着科学技术的发展,某些生态价值与其他非经济价值可以成为民法上的"物",从而达到保护的物的目的。

(二)"平衡论"对林权构造的影响

"平衡论最基本的主张就是行政机关和相对方权利和义务的平衡。这种理论认为,公共利益和私人利益的差别与冲突是现代社会最普遍的现象,正确处理利益关系应该是统筹兼顾,不可只顾一头。"[①]林权客体兼具私人物品与公共物品的属性,属于私人利益表达和公共利益保护汇聚的交叉点,将"平衡论"的理念融入森林法体系中有关林权的构造中去,更加具有实际意义。

本人认为,林权立法构造过程中,"平衡论"的贯彻应当包括如下内容:

第一,在理念上公平分配林业行政机关和相对人的权利义务。涉及林权个人私有财产法律拟定,应当被理解为既是行政机关行使自由裁量权的手段,又被理解为限制自由裁量权的手段。例如林权中个人林木所有权、林地承包经营权等属于个人财产的部分,如果对其核心进行限制应当经过严格限制并设定法定程序。

第二,具体制度中融入公众参与机制。具体制度设计是林权立法得以贯彻执行的基本模块,行政机关行政权力与相对人基本权利明显不对等,极易造成对具体制度执行的抵抗。因此,在这些制度中可以融入以民主与法制为主旨的公众参与制度,设定了解程序、公开程序、取证程序、回避程序、听证程序、告知程序等内容,从程序上促进公正,减少林权主体的怨苦,提高

---

① 罗豪才、甘雯:《行政法的"平衡"及"平衡论"的范畴》,《中国法学》1996年第4期。

行政效率。

第三,注意行政合同和行政指导等非强制手段运用。"管理论"下的行政法模式是"命令—服从",行政权的强制性以国家权力为后盾,极易造成相对人的有形、无形或者积极、消极应对从而降低其功效。而以权力色彩较弱的非强制手段可以让相对方主动参与实现行政目的,或者自觉服从行政机关的意志。行政合同、行政指导是较为典型的非强制手段:前者通过协商改变两者不对等地位,借鉴民法上的合同制度体现行政意志、实现公共利益;后者则是典型的非强制手段,行政机关在其职能、职责或管辖事务范围内,为实现一定行政目的而采取的符合法律精神、原则、规则或政策的指导、劝告、建议等行为。虽然行政指导不直接产生法律效果,但是有利于行政目的的实现。这些非强制手段都有利于林权立法目的的实现。

(三)环境法的价值追求对林权立法构造的指导

"凡是谈论价值,从根本上说都应当是相对人而言的,价值为人而产生,为人而存在,人是一切价值的主体。"①"法"作为客观存在的客观属性如何满足人的客观需要,称之为法的价值。法的价值是立法思想先导、法的实施要求、矫正恶法的准则以及法的演进动因。关于法的价值的内容主要有三个:正义、自由和秩序②。一般而言,正义是法的终极价值、最高价值;自由、秩序则在法的正义价值的统领下,为正义的实现而服务。

作为法的体系中的一部分,对林权进行立法,必然要考虑对正义、自由和秩序这些价值的实现。林权的诸多客体,既是环境的组成部分又是资源的主要内容,按照传统的法律部门分类,它属于环境法这一法律部门的组成部分。在对林权立法过程中,还应当结合环境法学、森林法学自身的特点,确定其价值的追求与实现。本人认为:

1.林权立法构造应当体现环境正义

"正义对政治、法律、道德等领域中的是非、善恶做出的肯定判断。主要指人的行为是否符合历史发展规律和最大多数人民的根本利益,是判断人

① 卓泽渊:《法的价值论》,法律出版社,1999年版,第5页。
② 关于法的价值的认识,大家并不一致。张文显教授将其分为"目的价值体系"和"形式价值体系"(张文显:《法理学》,高等教育出版社,2007年第3版,第298页);公丕祥教授将其归结为"利益""秩序""正义""自由""效率"等(公丕祥:《法理学》,复旦大学出版社,2008年版,第64页);付子堂教授将其归结为"秩序""利益""平等""自由""人权""正义"等(付子堂:《法理学进阶》,法律出版社,2005年版,第86页);卓泽渊教授将其归结为"效益""文明""民主""法治""理性""权利""自由""平等""人权""正义""人的全面发展"等(卓泽渊:《法律的价值论》,法律出版社,1999年版,第203页)。

们行为是否符合正义的客观标准。"①它是人们的崇高理想、坚定信念和永恒追求,是最大的善和最高的伦理价值,也是法的基本价值取向和最高价值目标。具体到环境法而言,环境正义更是体现出自己本身的鲜明特色,它拓展了"正义"的维度:

第一,环境正义拓宽了"正义"的时间维度。环境正义不仅包括本代人中每个人都享有在安全、健康的环境中生存及利用环境的权利,而且包括在代际应当追求正义的价值,将环境正义的时间拓展到了下一代人正义的实现。

第二,环境正义拓宽了"正义"的主体维度。环境正义的实现不仅要使人类社会的每一个人享有应当享有的正义,而且在对人与自然之间关系立法时,应当符合自然规律、人与自然互相作用的规律。"维护和追求人与自然和谐共处、人与人和谐共处的环境秩序,是最能体现环境正义的特色观念、核心观念。"②作为环境法的组成部分,在对林权进行立法构造时,应当注意抽象人与林权诸客体的关系、林权诸客体自身以及它们之间的关系,体现种际公平;应当注意保护林权主体应当享有的利益,体现代内公平、代际公平。

2. 林权立法构造应当体现环境自由、秩序

"自由是在法律规定的范围内,随着自己意志活动的权利"③,而"秩序则是在自然界和社会进程中存在某种程度的一致性、连续性和确定性"④。秩序和自由都是人的本质需要的,两者是对立统一的关系,具体到林权立法构造亦如此:

第一,林权权利主体有行使权利的自由,但是这种自由是以秩序为基础的。林权客体的多样性决定了其包含价值的多重性,权利人在享有自由过程中,必须以不破坏自然秩序和社会秩序为前提。

第二,自然秩序和社会秩序是为了实现自由的秩序。为了保护自然秩序和社会秩序,必然要设置相应的制度予以保障,但是归根结底是为了林权权利人保障其利益、实现林权客体的多重价值,否则这种秩序亦会丧失其意义。

---

① 中国社会科学院语言研究所词典编辑室编:《现代汉语词典》,商务印书馆,2002年版,第1607页。

② 蔡守秋:《环境正义与环境安全——二论环境资源法学的基本理念》,《河海大学学报》(哲学社会版),2005年第2期。

③ 中国社会科学院语言研究所词典编辑室编:《现代汉语词典》,商务印书馆,2002年版,第1669页。

④ 中国社会科学院语言研究所词典编辑室编:《现代汉语词典》,商务印书馆,2002年版,第1624页。

本章小结

　　本章旨在论证在不同的哲学观下对于人与森林之间的关系的定位是不同的,就人与森林之间的关系而言,非人类中心主义哲学观要比人类中心主义哲学观更认同森林的多重价值、森林及于人类的重要作用。哲学认识上的转型,带来民法、行政法理念的更新,为林权立法构造带来了新的契机:借助民法诚实信用、公序良俗等基本原则解释的扩张和所有权社会化思潮,为森林的多重价值得到承认、保护创造了条件;借助行政法"平衡论"行政权应当受到监督和制约、平衡与公民权之间关系的理念,协调林权中所包含的个人利益与公共利益;借助公私法融合之趋势,以环境法的理念为指导。本章论证的思路大致如下:

　　首先,在不同的哲学观下,人与森林之间的关系是不相同的。人类中心主义哲学观采用理性主义的本体论和人为构建的主客二分的认识论,提出人类这一唯一主体运用哲学理性、科技理性、经济理性和政治理性,完全能够揭示自然界(包括森林)内部运行的规律,从而把握规律、运用规律,实现一切自然皆为我用的目的;而非人类中心主义则采用荒野自然观的本体论和自然内在价值的认识论,认为自然本身具有系统性、自组织性、先在性和同质性,人类并非价值的唯一拥有者,自然界(包括森林)同样具有价值并成为人类道德关怀的对象,因此应当善待自然界诸如森林等存在物。本人认为,人的生存与发展离不开森林,应当承认森林的多重价值,尊重和保护森林。

　　其次,现代以来的公私法理念更新以及它们的融合有利于林权的保护。民法中的诚实信用、公序良俗等基本原则扩大合理的解释和物权客体的拓展,为新权利的生成奠定了基础。绿色文明观念、可持续发展被纳入上述基本原则的内容,可以更好保护林权中的公共利益。物权客体不再仅仅局限于有体性、独立性和可控制性,无体物等已经被纳入民法的调整范围;行政法理念的平衡论主张平衡行政机关和相对方的权利和义务,协调林权中包含的个人利益、公共利益;基于公私法融合出现的第三法域的法,特别是环境法理念的产生对林权立法构造具有指导作用。

　　哲学观的转向和法学理念的更新,为林权中个人利益和公共利益的保护提供了前提条件,但这也仅仅是立法的前提而已,仍需要从理论上对该权利进行进一步论证,这也是下一章要阐述的内容。

第三章

林权立法构造的体系：多重价值的纳入

　　"体系"是指"若干有关事物或思想意识互相联系而构成的一个整体。"从法学的角度上讲，林权在本质上是什么、包括哪些内容、内容划分的依据是什么等问题，这些都是在立法之前应当予以明确的。本章的内容主要是阐述林权的概念、具体内容有哪些，如何从法学的角度上分析这些权利。

第一节　林权概述

　　"林权"有一定的历史渊源，在新中国成立之初就有它的出现，但是主要出现在国家颁布的政策之中，现行法律规定中很少有它的"身影"。究其原因是学术界对"林权"的认识还没有达成一致共识。

一、林权的语义辨析

　　"林权"是国家政策上广泛使用的概念，但是在现行法律中的使用是有限的。如果仅从语义上对其进行分析，可能会产生两种不同认识：一种是将其理解为"森林自身权利"（forest rights），另一种是将其理解为"对森林的权利"（right to forests）。

（一）森林的权利

　　虽然权利通常被解释为人所享有的在法律上的权利，但是如果比照"人权"一词的解释方法，仅从词义的角度出发，可以将"林权"理解为"森林"自身所享有的权利，而不是人所享有的权利。这种解释从生态中心主义的角度,将环境要素之一———森林,置于与人类同等的地位,也具有一定的道理。但是从法学角度考虑,它将引起人们的不安和对法律的怀疑,尤其是对基本法学研究方法如主客二分法以及人的法律主体地位的怀疑,并引起法律根基发生动摇,因此本人认为这种理解暂时不会得到法律的支持。

(二)对森林的权利

这种语义分析表达了将词语中"林"的各个要素作为客体的一般理念,但是它也强调这样一种观点:对"林"中各个要素的认同将增加到整个生态系统中去,而整个生态系统对于社会中的人的生存是至关重要的。这种语义上的解释是在传统法律观念下对权利的一种再认识,它并非将人类完全凌驾于"林"乃至整个生态系统之上,把"林"中的各个要素看作人类任意奴役的对象,而是充满了人类重视自然、与自然友好相处的理念。

二、林权的历史溯源

(一)改革开放前的"林权"

有学者认为最早出现在 20 世纪 20 年代,即 1927 年中国共产党领导的土地革命战争时期,"林权"已经出现。虽然当时有关的政策涉及林木和林地分配,但是并没有明确提到"林权"一词①。在国内革命战争时期,虽有些涉及森林、林木和林地的规定颁布实施②,局限于当时情形,这些政策性的措施具有较强的地域性和时代性,于目前探讨林权本质的借鉴意义不大。

新中国成立之后,"林权"一词开始较为频繁地出现在林业政策之中并一直沿用至今。但是不同时期的政策,"林权"一词的含义并不相同。

1951 年 4 月 21 日发布的《政务院关于适当处理林权明确管理保护责任的指示》中指出:"在现正进行土地改革的地区,地主的森林和一般的大森林,按《土地改革法》分别处理。在暂不进行土地改革的地区,一切较大的森林,应提前收归国有,有专署以上政府设置林业专管机关,协同地方政府,实行管理保护。"③"在已经完成土地改革的地区,尚未明确划定林权的森林,其较大者应明令公布为国有财产,由当地人民政府和林业专管机关切实负责

---

① 张冬梅:《物权体系中的林权制度研究》,法律出版社,2012 年版,第 31 页。
② 例如华北解放区北岳行政公署规定:未确定林权的天然林和原属政府管理的森林、不属某村或者几村庙宇的森林、日本人培植的森林、依法没收归公的其他森林,一律划为国有林;1949 年晋西北行政公署《保护与发展林木林业暂行条例(草案)》就分为总则、林权管理、保护、砍伐办法等六章。
③ 国家林业局网站:http://www.forestry.gov.cn/portal/main/s/2429/content-399200.html。

管理保护;零块分散的山林,由当地人民政府根据实际情况,按《土地改革法》规定,分别进行清理和确定林权,由县人民政府发给林权证明。"①"西北、西南、中南等少数民族地区的森林,一般仍按其旧有的管理习惯不变,但政府应领导他们加强森林的保护抚育工作。在收归国有的森林面积中,夹有小块农民私有林时,应适当地调剂割换之。"②分析以上规定,可以得出结论:新中国成立初期林权的内容,主要包括森林所有权和林地所有权。

1952 年 12 月 30 日,发布的《中南军政委员会关于固定林权及木材管理暂行办法》规定:"中贫雇农自有及富农自耕之山林一律保证其所有权,不得受任何侵犯,如被没收应予退还。""应没收之地主山林及公有山林,除人烟稀少距离村庄很远之大森林、大荒山收归国有,由县政府指定专人或者乡村人民政府负责管理之外,其余一概分给当地居山农民。即靠近山边之农民个人私有或者村公有。"③在此文件中的林权是指山林所有权。既包括山的所有权,又包括山上森林的所有权。

中共中央 1961 年 6 月 26 日发布的《关于确定林权、保护山林和发展林业的若干政策规定》(常称为"林业十八条")要求"确定和保障山林的所有权",包括:"(一)天然的森林资源,和在人民公社化以前已经划归国有的山林,仍然归国家所有。高级合作社时期,划归合作社、生产队集体所有的山林和社员个人所有的山林,应该仍归生产大队、生产队集体所有和社员个人所有。除此以外,人民公社化以来和今后新造的各种林木,都必须坚持'谁种谁有'的原则,国造国有,社造社有,队造队有,社员个人种植的零星树木,归社员个人所有。(二)原来划归国有的山林当中,有些分散小片的,国家不便专设机构经营,归公社、生产大队、生产队经营,对于山林的保护和发展更为有利的,可以划归附近的社、队所有,或者包给它们经营。"④这里的林权指的是林木所有权。

通过以上规定,我们可以看出"林权"一词,主要寓于国家颁布的政策而非法律的规定之中,最主要的原因莫过于当时并没有树立依法治国的理念,各类法律法规并不完善,远离国家政治和人们主要经济活动的"林权"当然

---

① 国家林业局网站:http://www. forestry. gov. cn/portal/main/s/2429/content - 399200. html。

② 国家林业局网站:http://www. forestry. gov. cn/main/2429/content-399200. html。

③ 《转发中南军政委员会关于固定林权及木材管理暂行办法的函》(江西省人民政府一九五三年一月十三日以 53 秘字第二九号发出):《江西政报》1953 年第 1 期,第 52 页。

④ 国家林业局网站:http://www. forestry. gov. cn/portal/main/s/1018/content - 266033. html。

不会纳入立法者的视野。即使有国家政策对林权加以规范，注重的也是经济价值的实现以摆脱当时生活困苦的状态。

（二）改革开放后的"林权"

截止到目前，没有较高效力的法律、法规对"林权"的概念做出明确的规定。仅有两个部门规章对它做了不甚明确的规定：一是原林业部于1996年颁布的《林木林地权属争议处理办法》第二条第二款言语不详地规定，"处理森林、林木、林地的所有权或者使用权争议（以下简称林权争议），必须遵守本办法"；二是2000年国家林业局颁布的《林木和林地权属登记管理办法》第一条规定："为了规范森林、林木和林地的所有权或者使用权（以下简称林权）登记工作，根据《中华人民共和国森林法》及其实施条例规定，制定本办法。"虽在法律规定中"林权"使用并不多，但是它却被更频繁地运用到政策之中。鉴于政策之多，本书仅以被官方认为具有"重要意义"的政策讨论之。

2003年6月中共中央国务院颁布的《关于加快林业发展的决定》中规定："进一步完善林业产权制度。这是调动社会各方面造林积极性，促进林业更好更快发展的重要基础。要依法严格保护林权所有者的财产权，维护其合法权益。对权属明确并已核发林权证的，要切实维护林权证的法律效力；对权属明确尚未核发林权证的，要尽快核发；对权属不清或有争议的，要抓紧明晰或调处，并尽快核发权属证明。退耕土地还林后，要依法及时办理相关手续。"此时，林权虽被视为"财产权"的内容，但是林业被定义为"公益事业和基础产业"，承担着生态建设和林产品供给的重要任务。政府部门尤其是林业行政主管部门提出了五大转变："由以木材生产为主向以生态建设为主的历史性转变、由以采伐天然林为主向以采伐人工林为主、由毁林开荒向退耕还林、由无偿使用森林生态效益向有偿使用森林生态效益、由部门办林业向全社会办林业的转变。"[①]林业被赋予"生态建设的主体地位"。随后，"林权"一词如同雨后春笋，频繁出现于国家与地方的政策之中。

2008年6月的《中共中央国务院关于全面推进集体林权制度改革的意见》，"林权"首次被正式以国家政策名义予以规范它的具体内容，但仍没有明确其概念。在该文件第三部分"集体林权制度改革的任务"中，提出明晰产权、勘界发证、放活经营权、落实处置权、保障受益权等措施；在第四部分"完善集体林权制度改革的政策措施"中，提出应当完善林木采伐管理机制、规范林木和林地流转、建立支持集体林业发展的公共财政制度、推进林业投融资改革、加强林业社会化服务等措施。此时林权的内容悄然发生了变化：

---

① 周生贤：《中国林业的历史性转变》，中国林业出版社，2002年版，第238页。

生态价值与其他非经济价值被纳入林权之中。例如在该政策第一部分"充分认识集体林权制度改革的重大意义"中阐述道:"集体林权制度改革是建设生态文明的重要内容。……实行集体林权制度改革,建立责权利明晰的林业经营制度,有利于调动广大农民造林育林的积极性和爱林护林的自觉性,增加森林数量,提升森林质量,增强森林生态功能和应对气候变化的能力,繁荣生态文化,促进人与自然和谐,推动经济社会可持续发展。"

在改革开放确立依法治国、法律体系(当然包括森林法体系)日趋完善的今天,依然没有较高位阶的法律对林权的概念予以明确,这并非立法者对目前进行如火如荼集体林权改革的忽视,而是由于理论界对林权概念内涵与外延界定存有争议,仍无统一的认识。从该文件内容来看,将林权改革纳入建设生态文明的内容之中已经成为林业主管部门乃至国家的共识。从民法、行政法理念更新上来说,也为生态价值与其他非经济价值纳入法律保护创造了条件。但是如何通过法律规定进行保护,是立法者必须考虑的内容。

三、林权概念的观点及评述

(一)对"林权"概念的解读

对于"林权"以及与之相关的森林资源的物权,学者们对此称谓并不一致。有的学者称之为"森林资源产权"[①]"本书林业产权"[②];有的学者将其称为"林权"[③]"本书林业权"[④]"本书森林权属"[⑤]。

有趣的是,将其称为"森林资源产权""森林产权"或者"林业产权"的,大多是自然科学研究机构的学者从经济学的角度,分析与森林资源有关制度;而将其称为"林权""林业权""森林权属"的,则是来自人文科学研究机构的学者从法学的角度进行分析的。对"林权"称谓的不同,正是研究者分别从自然科学、社会科学的角度对"林权"阐述,造成了理解上的混乱。"概

---

① 王兆君、刘文燕、张来武:《国有森林资源产权制度变迁与改革研究》,科学出版社,2011年版,第12页。

② 孔凡斌:《集体林业产权制度:变迁、绩效与改革探索》,中国环境科学出版社,2008年版,第4页;姜春前:《中国南方集体林产权改革研究》,中国林业出版社,2008年版,第6页。

③ 例如周珂教授主编的《环境法学研究》第十八专题将其称为"林权改革与森林法研究"(中国人民大学出版社,2008年版,第246页);崔建远教授主编的《自然资源物权法律制度研究》第六章为"林权制度及其评析"(法律出版社,2013年版,第142页)

④ 金海统:《资源权论》,法律出版社,2010年版,第165页。

⑤ 高利红:《森林权属的法律体系构造》,《现代法学》2004年第5期。

念称谓的歧义,不仅妨碍学科间不同研究成果的比较和借鉴,客观上也对有关林权的法律法规及政策在改革实践中的适用造成了负面的影响。"①

(二)"林权"概念内涵观点的不同

1.现阶段"林权"概念的观点

就概念本身而言,它是人们对反映对象特有属性与本质属性的思维形式,是人们理性认识的发生和发展并将事物序列化、体系化的过程。"概念乃是解决问题所必需的、必不可少的工具。没有限定的专门概念,我们便不能清楚地、理智地思考法律问题。没有概念我们便无法将我们对法律的思考转变为语言,也无法以一种易懂明了的方式把这些思考传给他人,如果我们试图完全摒弃概念,那么整个法律大厦就将化为灰烬。"②因此,对林权概念进行定义,成为很多学者研究的对象。

总体来说,对林权概念进行定义的方法有两种:一是语义分析法。即将"林权"一词中的"林""权"分离组合得出林权的概念。二是直接定义法。分析现行政策和法律的规定得出林权的概念。关于林权概念内涵,主要有以下观点:

第一种观点(下称观点一)是林权概念中的"林",当指"森林资源","它是以森林资源所有权为基础,以对特定的森林资源的使用、收益为目的的他物权"③;或者认为林权是源于森林资源所有权的"一种他物权形式,是森林资源非所有权人依法取得的,对森林资源享有的用益物权"④。

第二种观点(下称观点二)认为,"林权包括林地所有权和林业权(林地承包经营权、林木所有权和使用权以及林木采伐权)"⑤。其中林地承包经营权和林木采伐权统称为林业资源权。但是对于林业权的概念,大家的看法也没有统一认识:有人认为林业权是指法律人对森林资源所享有的进行合理利用的权利,它的母权是资源权;有人认为林业权是指公民、法人或者其他组织依照法律规定,从事森林培植、采伐的权利。

第三种观点(下称观点三)认为,"林权是有关森林资源、林木和林地的

---

① 张冬梅:《物权体系中的林权制度研究》,法律出版社,2012年版,第35页。

② [美]博登海默:《法理学——法哲学及其方法》,中国政法大学出版社,2004年版,第504页。

③ 林旭霞、张冬梅:《林权的法律构造》,《政法论坛》2008年第3期。

④ 吕祥熙、林金贵:《林权法律地位探析》,载杨立新、刘德权主编:《物权法实施疑难问题司法对策》,人民法院出版社,2008年版,第489页。

⑤ 李春雨:《林业权的法律性质与立法安排》,《国家林业局管理干部学院学报》2008年第3期。

所有权和使用权,具体包括采伐利用权,林中、林下资源的采集利用权,补偿权,流转权,担保抵押权,森林景观的开发利用权,品种权等权利"①;或者认为林权并非一种具体的物权类型,而是涉林物权的统称,"包括森林资源所有权、林木所有权、林地使用权、林地承包经营权等具体物权形态,涉及物权体系中的所有权和用益物权两种类型"②。

第四种观点(下称观点四)认为,林权是"对森林资源的所有权和使用权。林权是指森林、林木、林地等森林资源的所有权和使用权"③;林权的内容,从纵向上分析,它包括占有权、使用权、收益权、处分权等;从横向上分析,它包括森林、林木的采伐利用权、补偿权、收益权、流转权、抵押权等④;林权是"森林资源所有权的简称,从森林资源的物质含义上划分,林权包括林地所有权、林木等生物资源所有权和森林环境资源所有权;从林权的管理层次上划分,林权包括森林资源的占有权、森林的经营管理权和森林效益的收益权"⑤。

第五种观点(下称观点五)认为,林权是指林木所有权。例如有的学者认为当前各地林权制度改革方案及相关文件中使用的"林权"以及人们惯用的"林权"一词,应该理解为林木所有权。"只有林木的所有权才能涵盖林木的占有、使用、收益和处分权,基于所有权才能对林木的流转权和抵押权,可以说林农从林权制度改革中获得的对林木的各种权利均来源于林木所有权。"⑥

第六种观点(下称观点六)认为,"林权又称为森林所有权,是指森林法律关系的主体对森林、林木或者林地占有、使用、收益和处分的权利"⑦。

第七种观点(下称观点七)从分析现有部门规章中关于林权规定出发,林权仅指森林林木和林地的所有权和使用权。类似的观点还有:"林权是指

① 中国可持续发展林业战略研究项目组:《中国可持续发展林业战略研究·战略篇》,中国林业出版社,2003年版,第11页。

② 温世扬:《林权的物权法解读》,《江西社会科学》2008年第4期。

③ 周训芳、谢保国、范志超:《林业法学》。中国林业出版社,2004年版,第29页。

④ 周斌:《我国集体林权改革的法律问题》,中国海洋大学博士学位论文,2010年,第18~19页。

⑤ 周伯煌:《物权法视野下的林权法律制度》,中国人民大学出版社,2010年版,第6~7页。

⑥ 李延荣:《浅谈林权制度改革中的林权》,《法学杂志》2009年第1期。

⑦ 金瑞林:《环境与资源保护法学》,北京大学出版社,2006年版,第357页。

权利主体对森林、林木和林地的所有权、使用权、收益权、处置权等。"①"林权是指国家、集体、自然人、法人或者其他组织对森林、林木和林地享有的占有、使用、收益、处分的权利，包括森林、林木和林地所有权，森林、林木和林地使用权与林地承包经营权等财产性权利。"②

综合以上观点，可用表3-1表示：

表3-1　林权概念主要观点

	林木所有权	林地所有权	森林所有权	林木使用权	林地使用权	森林使用权	森林环境经营权	备注
观点一③	×	×	×	√	√	×	√	以用益物权为基础构建林权
观点二	√	√	×	√	√	×	×	林地承包经营权与林木采伐权同属林业资源利用权
观点三	√	√	×	×	×	×	×	涉及物权体系中的所有权和用益物权
观点四	√	√	√	√	√	√	×	笼统称为森林、林木和林地的所有权和使用权
观点五	√	×	×	×	×	×	×	
观点六	×	×	√	×	×	×	×	仅指对森林、林木或者林地的占有、使用、收益和处分的权利
观点七	√	√	×	√	√	×	√	还包括林下资源所有权、森林景观开发权

---

① 韦蕙兰、陈海云、任晓东：《中国林权改革的回顾与思考》，《中国林业经济》2007年第4期。

② 刘宏明：《我国林权若干法律问题研究》，《北京林业大学学报》2004年第4期。

③ 观点一以林旭霞教授著文为准，观点二以金海统副教授著文为准，观点三以温世扬教授著文为准，观点四以周训芳教授著文为准，观点五以李延荣教授著文为准，观点六以金瑞林教授著作为准，观点七以魏华著文为准。

2.对"林权"概念的评述

对"林权"概念的认识,学者们比较统一的是:林权是权利束即复合性而非单一性的权利。将"林权"归为权利束具有复合性,是因为"林""权"本身包含内容的多样性:"林"不仅包含"森林",还包括"林地"和"林木",有的学者甚至还将"森林资源"也纳入"林"的范围;对于"权"的认识,不仅包括"所有权""使用权",而且还有学者认为"用益物权"也是"林权"的重要组成部分。

通过以上分析,对"林权"的具体内涵、内容认识不统一,是目前林权概念研究的客观现状。有的认为它包括"森林、林木和林地的所有权和使用权",有些还认为包括"森林景观利用权""林下资源所有权"等。除了对"林""权"本身包含内容多样性之外,还有研究范式的原因:从民法、物权法的角度认识林权,只有构成民法、物权法上的"物",以"物"为中心构建权利,才能成为"林权"这一权利束的内容。此外,学者们对"林"提供的生态价值与其他非经济价值能否纳入法律的保护范围,如何去保护并协调与其他法律的冲突等没有做深入的理论探讨,而现行政策又无法担负起这一职能,导致"林权"概念的摇摆,对其认识不可避免地产生混乱。

四、林权的概念与体系

对事物进行定义,通常采用"属加种差"的方式进行概括。由于"林权"包含内容的多样性,意图用简洁的语言准确表达它的外延和内涵并非易事,本人认为,可以通过排除的方式,结合法学自身特点,逐步揭示"林权"——这一本土词语的概念。

(一)以"森林资源所有权"为基础构建林权并不可行

林旭霞教授所著《林权的法律构造》一文中认为,"林权是以森林资源所有权为基础,以对特定的森林资源的使用、收益为目的的他物权"[①]。将"林权"按照他物权模式进行构造,来源于《宪法》第九条的规定,森林、山岭、草原等自然资源归国家或者集体所有。既然个人无法享有所有权,又要满足非所有人对森林资源的利用,只有通过创设用益物权来实现这一目的。该文在森林法学林权研究领域产生较大影响,许多研究者以此为基础认为林权还派生出林木采伐权、森林使用权等权利。

本人认为,依《宪法》第九条为基础,将林权以用益物权模式构建权利体系并不可行。

---

① 林旭霞、张冬梅:《林权的法律构造》,《政法论坛》2008 年第 3 期。

首先，《宪法》第九条规定的自然资源"所有权"与私法领域内的"所有权"并不完全一致，以此为基础构建用益物权的正当性存疑。按照《宪法》第九条规定，森林资源归属国家或者集体所有；而《森林法实施条例》第二条规定，森林资源包括森林、林木、林地以及依托森林、林木、林地生存的野生动物、植物和微生物；按照逻辑上的三段论推理，自然而然得出结论：森林资源内部的各个要素包括林木也只能属于国家或者集体所有。但是宪法、民法和森林法以及现实生活中明确了林木完全可以归属个人所有。这个结论显然很荒谬。原因何在呢？归根结底，大前提——宪法上所有权和民法上的所有权并非完全等同。宪法上的所有权"注重的是取得所有权的资格，是一种获得财产利益的可能性，它不明确地指向具体的客体，一个人并不因暂时没有财产而失去宪法上取得、占有和使用财产的资格"[1]；而民法上的所有权"则是以具体的物为中介的人和人的关系的表现，有明确、具体指向的权利客体。没有具体指向的物，我们无法想象所有权人进行怎样的全面支配和使用"[2]。此外，还存在着"'全民国家'的抽象性、优越性与物权主体的实体化、平等性，自然资源的不确定性与物权客体的确定性，自然资源所有权内容的公权性与物权内容的私权性、自然资源使用权的可处分性与用益物权的不可处分性，动产资源的所有权双重性与所有权的唯一性之间的矛盾"[3]，因此宪法上的所有权与民法上的所有权并不完全一致，把《宪法》第九条作为构建林权用益物权体系的正当性并不合适。

其次，将林权完全按照用益物权模式构建与现行政策和现实实践并不完全吻合。《中共中央国务院关于全面推进集体林权制度改革的意见》中"三、明确集体林权制度改革的主要任务"中，提出对林权"明确产权、放活经营权、落实处置权、保障收益权"，如果将林权按照用益物权模式构建，如何对当事人"落实处置权"？

此外，"林权"中的"林"毫无疑问包括林木，如果将"权"仅局限在"使用权"，等于不承认个人对林木享有所有权，这无疑又是荒谬的。将个人林木所有权排除在"林权"之外，无疑背离设置"林权"的目的。此外，"森林使用权""林木使用权"甚至有些学者称谓的"森林经营权""林木采伐权"和"林

① 徐涤宇：《所有权的类型及其立法结构》，《中外法学》2006 年第 2 期。
② 徐涤宇：《所有权的类型及其立法结构》，《中外法学》2006 年第 2 期。
③ 巩固：《自然资源国家所有权公权说》，《法学研究》2013 年第 4 期。如何看待"自然资源国家所有权"，《法学研究》编辑部曾在 2013 年 5 月 12 日举办了"自然资源国家所有权理论研讨会"，研讨会以税兵教授《自然资源国家所有权双阶构造说》和巩固副教授《自然资源国家所有权说》两篇文章作为主题报告，得到了宪法与民法学界多位专家学者的精彩点评。具体见《法学研究》2013 年第 4 期，第 3～79 页。

木经营权"等,都是森林资源所有权基础上按照用益物权模式衍生的"权利",过度予以关注并没有太大的意义。

(二)林权不包括森林所有权

仅从《森林法实施条例》关于森林的定义来看①,林木具有体性、可控制性、特定性和独立性等特征,从性质上来说属于民法上的物。"森林"的内涵有哪些呢? 它"包括乔木林和竹林",而"乔木林和竹林"性质是什么呢? 对照"林木"的定义——"包括树木和竹子",因此,从物权法关于物的分类来看,森林的性质只是与单一物相对应——集合物而已。

按照物的功能进行划分,将物分为单一物和集合物。单一物是为各构成部分已丧失各自的个性,而外观形态上能独立成为一体的物。物权的客体主要是单一物;集合物是指为由数个仍保有原先个性及经济价值的单一物或合成物,集合成具有独立经济上价值一体性的物②。区分集合物与单一物的意义在于,单一物可以直接成为物权法上的客体并直接进行交易,而集合物在一般情况下不能成为直接物权的客体,只能将其分为单一物之后才能够交易。森林被定义为"乔木林和竹林",是林木"树木和竹子"单一物的集合(属于事实上的集合物),因此从性质上来讲,森林即为林木——这一单一物的集合物。由于"林木"具有独立性,"森林"这一集合物中的各个"林木"分别作为物权的客体进行对待。林权将林木所有权纳入后,再分析森林所有权意义不大。

(三)林权客体是不断发展与增加的

"客体"是与"主体"相对应的概念,是法律关系中权利和义务的指向对象。"作为客体,具有三个最低限度的特征:是对主体的'有用之物'、能够为人类控制或者部分控制的'为我之物'和独立于主体的'自在之物'。"③并且,"它是一个历史的概念,随着社会历史的发展,其范围和形式、类型也在不断地发展着。总体来看,由于权利类型的不断丰富,客体的范围和种类有不断扩大和增多的趋势"④。

从《森林法》《森林法实施条例》等法律法规规范的对象来看,林权中"林"主要包括森林、林木和林地,上述对象具有的经济利益与人的生活息息相关,属于典型的"有用之物""为我之物"和"自在之物",毫无疑问可以作

---

① 《森林法实施条例》第二条第二、三款规定:"森林,包括乔木林和竹林。林木,包括树木和竹子。"
② 王泽鉴:《民法总则》,中国政法大学出版社,2001 年版,第 229 页。
③ 张文显:《法哲学通论》,辽宁人民出版社,2009 年版,第 263 页。
④ 葛洪义主编:《法理学》,中国政法大学出版社,2002 年修订版,第 340 页。

为林权传统研究的客体。

除上述对象具有经济价值之外，还具有生态价值与其他非经济价值。这些价值能否作为法律保护的对象，进而演变为客体吗？答案是肯定的。20世纪以来，科技对人生活影响无处不在，调整人的生活最基本的法律——民法中的"物"也悄然扩张：原来不为人认识和控制的事物变成了可以控制的对象（例如电、热等无体物）。林权客体具有的经济功能通过固化为林地、森林和林木而被保护、利用和交易，而林权客体具有的防风固沙、固碳释氧、保持水土、杀死病菌、宗教信仰等生态功能与其他非经济功能，对人而言同样是不可或缺的。这些功能并非单单的一棵树、一块林地所能够承担，而是需要森林、林木和林地以及依托它们生存的各类有机体相互影响和作用才能形成，体现这些功能——只有"森林资源"才能负担起这一功能。但是由于这些功能只能间接地关系人的利益，没有被纳入"林权"的客体，因此现行法律"森林资源""森林"进行概念化解读时只从经济价值的角度进行定义，没有考虑它的其他功能：生态利益与其他非经济利益。随着认识的深化，这些利益被纳入法律的保护范围势在必行，"森林资源"作为整体成为林权的客体也就顺理成章。

（四）林权的定义及体系

定义是"对于一种事物的本质特征或一个概念的内涵和外延所作的简要说明"①。一般而言，最常用的定义方法是"属加种差"，即定义项是由邻近的属概念加种差组成的，其基本公式为"被定义项＝种差＋邻近的属概念"②。林权属于权利的一种，与其他权利最大的区别即为客体与体现的价值不同。因此，林权是指依照法律，权利人对森林、林木、林地和森林资源所享有的，以占有、使用、收益和处分诸多客体经济价值、生态价值与其他非经济价值为内容的集束性权利。

体系是指"若干事物或者意识互相联系而构成的一个整体"③。大多数学者认为林权本身不是单一性权利而是权利束，但是这些都是站在经济利用的价值角度上对林权子权利进行论述的。随着科技的发展、认识的深刻和法律调整范围的扩大，体现生态价值与其他非经济价值的利益不断形成并逐渐被纳入法律的调整范围，进而形成具体的权利。因此，按照林权子权利所体现具体利益的不同，可以分为两大类：一类是主要体现经济利益的子

---

① GB/T15237.1–2000《术语工作　词汇》第1部分：《理论与应用》3.3.1《定义》。

② 杜厚文：《定义的表达法》，《语言教学与研究》1993年第3期。

③ 中国社会科学院语言研究所词典编辑室编：《现代汉语词典》，商务印书馆，2002年版，第1241页。

权利,主要包括林木所有权、林地所有权、林地承包经营权等权利(也可称之为狭义的林权);另一类是主要体现生态利益与其他非经济利益的子权利,主要包括森林碳汇权、森林景观权等权利(两类之和为广义的林权)。(图3-1)

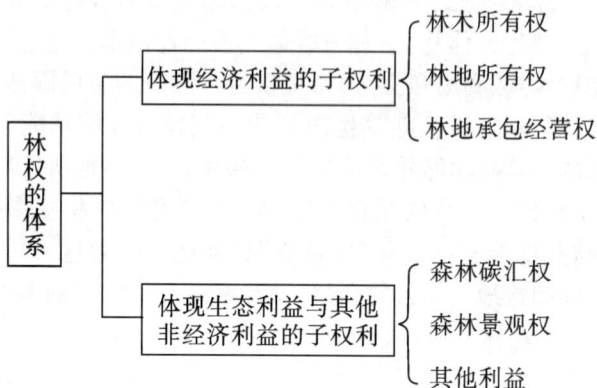

图 3-1　林权体系

由于林地只能属于国家或者集体所有,具有主体相对恒定性,不再做过多阐述。本书主要阐述以体现经济利益的林木所有权和林地承包经营权,以及体现生态利益与其他非经济利益的森林碳汇权、森林景观权。

第二节　林木所有权:公共利益的限制

林木所有权是指国家、集体、单位和个人依照法律规定或者合同的约定,对所有林木享有的占有、使用、收益和处分的权利。有些学者将林木所有权纳入"林木物权"体系进行研究①,本人认为是不合适的。根据物权法定原则,林木物权并非独立的物权,如果物权法上的每一个"物"都冠以"××物权"研究的话,那么物权法的研究对象是何其的多。"林木所有权"可以涵盖所有的内容,不必将其定位为"林木物权"进行研究。

虽然我国《民法通则》《森林法》以及《森林法实施条例》等法律法规都

_____

① 胡玉浪:《我国关于林木物权的规定及其完善》,《林业经济问题》2007 年第 2 期。

承认林木所有权完全可以归属国家、集体和个人所有,但是在行使所有权时受到很大的限制,很多学者从经济学上的"产权残缺"阐述受到限制的原因①,从法学的角度阐述的并不多。本书将阐述之。

一、林木所有权的法律基础

林木作为民法、物权法上典型的"物",具有相当的经济价值,众多的法律都明确规定了它可以成为公民、法人或者其他组织的私有财产。《民法通则》明文规定了林木属于公民个人的合法财产②;《森林法》也明确规定,个人所有的林木应当由人民政府登记造册,发放证书确认其所有权或者使用权③;《继承法》规定公民死亡时遗留的个人合法财产——林木,可以继承;此外,《刑法》规定的盗伐林木罪、滥伐林木罪构成要件的客体也包括林木所有权而非林木经营权。

通过以上法律的具体规定,可以得出结论:作为民法、物权法中的物,公民、法人或者其他组织毫无疑问对林木享有所有权,行使占有、使用、收益和处分权能。

①　"产权残缺"是美国经济学家哈罗德·德姆塞茨(Harold Demsetz)1988 年在《关于产权的理论》一文中提出的"所有权残缺(the truncation of ownership)"概念的中文说法,它是由于产权界定的困难或者外力的强制等原因导致产权所有者不能完全行使一种或几种权力,进而导致产权主体不能享有权力所带来的全部利益的现象。林木所有权受到限制,一些学者从经济学的角度进行了分析,详见姚顺波《产权残缺的非公有制林业》(《农业经济问题》,2003 年第 6 期)、高立英《采伐限额制度成本分析》(《林业经济问题》2007 年第 5 期)等。

②　《中华人民共和国民法通则》第七十五条规定:公民的个人财产,包括公民的合法收入、房屋、储蓄、生活用品、文物、图书资料、林木、牲畜和法律允许的公民所有的生产资料以及其他合法财产。

③　《森林法》第三条规定:国家所有的和集体所有的森林、林木和林地,个人所有的林木和使用的林地,由县级以上地方人民政府登记造册,发放证书,确认所有权或者使用权。第二十七条规定:国有企业事业单位、机关、团体、部队营造的林木,由营林单位经营并按照国家规定支配林木收益。集体所有制单位营造的林木,归该单位所有。农村居民在房前屋后自留地、自留山种植的林木,归个人所有。城镇居民和职工在自有房屋的庭院内种植的林木,归个人所有。集体或者个人承包国家所有和集体所有的宜林荒山荒地造林的,承包后种植的林木归承包的集体或者个人所有,承包合同另有规定的,按照承包合同的规定执行。

二、林木所有权行使的公共利益限制

(一)"公共利益"及其评述

虽然我国现行法律中很多条款中都含有"公共利益"字样的内容,但是没有一部法律曾对它做出明确的规定。从学理上看,公共利益是不特定人的利益,是一个类似于诚实信用、公序良俗的弹性条款的词语,试图通过定义的方法一劳永逸地解决因"公共利益"的内涵问题而发生的各种疑问是不现实的。各国大都根据个案,根据具体的情形确定何为"公共利益"。

公共利益的内涵,大致包括如下内容:

第一,公共利益范围的宽泛性。公共利益包括的内容是十分宽泛的,涉及国防、教育、交通、水利、卫生、慈善、环境等各个行业。它既可能是经济利益,也可能是非经济利益。公共利益甚至可以和纯商业利益也存在着交叉,美国"凯洛诉新伦敦市案[①]"就是一个很好的例子。"公共利益本身即为框架性规定,它和诚实信用、公序良俗等概念一样,很难给出具体的定义,只能根据个案,一事一议,具体确定。"[②]

第二,公共利益的变动性。公共利益本身是一个开放的概念,不是一成不变的,而是随着时代的发展不断去旧迎新,在不同的时间阶段、不同的情形有着不同的内涵,用相对稳定的法律规定公共利益,反而限制它的发展。

第三,公共利益内容的不确定性。公共利益内容本身即为价值判断的对象,具有一定的主观性,不同的人从不同的角度有着不同的认识。

第四,公共利益层次的复杂性。公共利益本身也具有不同的层次,决定了在法律上对其类型化具有很大的困难。公共利益涉及的有个人利益、社会利益甚至国家利益,这些利益在公共利益内部也具有冲突。法律需要解决的是如何协调这些冲突并使得公共利益最大化。

---

① "凯洛诉新伦敦市案"是发生在美国康涅狄格州的一个案件。全球著名大制药商辉瑞公司在康涅狄格州东北部小城新伦敦市建了座研发中心,因该市政府控制下的实体对城市用地进行规划,征用当地居民用地,遭到以凯洛为首的15户居民的反对,并向当地州法院起诉市政局,最后上诉至联邦最高法院。2005年6月23日,最高法院以5比4的微弱多数,对本案做出判决,支持新伦敦市政府。判决意见由大法官史蒂文斯执笔:"该市确已非常仔细地制定了开发计划,相信能给社区带来可评估的利益,这个利益包括,但不局限于,提供就业机会和增加税收。"详见:Kelo v. Newlondon(04-108)Conn. 1, 843 A. 2d500.

② 王利明:《物权法研究》(上卷),中国人民大学出版社,2007年修订版,第423页。

（二）林木所有权行使涉及公共利益

林木被民法、物权法确定为"物"，最主要的原因莫过于林木具有经济价值，符合民法上关于"物"构成要件。在传统理论指导下，对林木——民法、物权法上的"物"享有所有权，意味着绝对支配权，排斥一切干预。林木所有权人对林木可以行使占有、使用、收益和包括采伐在内的处分权能，没有经过所有权人同意，任何人的干预将被视为对所有权的侵犯。为了更好地保护林木所有权，法律还分别从动态和静态的角度予以规定：物权法将林木归为"物"，确定其归属，从静态上予以保护；合同法等将其视为"标的"，从动态上对其利用和交易进行保护。这一切的目的都是为了最大限度地实现其经济价值。

但是，随着认识的深化，人们发现林木除了具有经济价值之外，它还具有其他的价值——生态价值与其他非经济价值，这些同样对人类具有重要意义。有关科研数据已经表明森林提供的生态价值与其他非经济价值远远超过它所提供的木材和林产品的价值：1 万亩森林地的蓄水量相当于 100 万立方米容量的水库；一条 10 米高的林带，在其背风面 150 米范围内，风速平均降低 50% 以上；1 公顷的阔叶林 1 天可以吸收 1 吨二氧化碳，释放出 0.75 吨氧气；1 公顷松林可以滞留灰尘 36.4 吨；1 公顷云杉林每年可以吸附灰尘 32 吨。由于树冠的作用，林区内一般是冬暖夏凉；40 米宽的林带，可以降低噪音 10 ~ 15 分贝[1]。这些生态价值与其他非经济价值有的以气态的形式存在，有的属于人的精神利益，不能成为民法、物权法上的"物"，长期被认为是上天赐予人类的礼物，"取之不尽、用之不竭"，无须亦无法纳入法律的调整范围。

所有权作为一项基本的法律制度，激发了个人的创造力和进取心，创造了极大的社会财富。在所有权的内容中，处分权能因决定财产的归属，成为所有权的核心权能。对林木享有所有权，最主要的核心便是所有权人能够行使对林木的处分权能。林木可以被用来加工家具、制造纸浆等，具有较高的经济价值，这些价值主要通过采伐林木——林木所有人行使处分权能实现的。由于林木的生态价值与其他非经济价值"无法纳入法律的调整范围"，导致林木所有人在行使处分权能时，无须考虑这些价值。但是采伐林木后，林木的固碳释氧、防风固沙、杀死病菌等生态价值与其他非经济价值也随之消亡，进而导致环境恶化并危及公认的公共利益——人类生存环境的安全。在所有的公共利益中，"人类生存环境的安全"由于具有主体的广

---

① 丁建民、徐廷弼：《中国的森林》，商务印书馆，1996 年版，第 10 ~ 18 页。

泛性、内容的相对确定性等特征而居于首要位置。由于现行法律没有对林木的生态价值与其他非经济价值予以明确承认并规定其交易、利用规则,林木所有权人行使处分权能时,不可避免地会对公共利益——人类生存环境的安全造成损害。

(三)基于"公共利益"对行使林木所有权限制正当性分析

"正当性"来源于英文"legitim acy",德国社会学家马克斯·韦伯首先对它做出了集中、系统阐述。他指出:"价值合乎理性的适用的最纯粹的类型,是用自然法来表述的。今天最为流行的合法形式是对合法的信仰:对形式上具体地并采用通常形式产生的章程的服从。"①具体而言,"正当性是在经验和理性两个维度上寻求最高的合法性。就经验层面,正当性表现为得到社会的普遍认同和尊重;就理性层面,正当性是经过道德哲学论证而取得的合理性。这两方面共同构成了正当性概念的结构:第一,在理性层面,正当性要求一种客观要素:符合某种规范或客观标准,这可以说是西方古代自然法的核心诉求;第二,在经验层面,正当性要求一种主观要素:公众主观意志的表达(服从意愿的表达),这是西方近代社会契约论充分表达了的正当性观念"②。

在理性层面上,对林木所有权进行限制源于人类生存环境的安全——这一公共利益的追求。生活在社会中的每一个人都有安全的需要。美国社会心理学家亚伯拉罕·马斯洛(Abraham Maslow)认为,在生理需求得到充分满足之后,就会出现安全需求③。安全本身是一种不受威胁,没有危险的状态。它是人们追求更高意义上幸福的依据,也是社会存在的基础。人是从自然界演化而来的,不可能离开最基本的生存和生活环境而存在,因此,保障环境安全也是法律追求的重要内容。"如果法律秩序不表现为一种安全的秩序,那么它根本就不能算是法律"④。森林生态系统作为陆地生态系统主要部分,碳储量占全球植被碳储量的86%以上⑤。碳排放是导致气候变化的主要原因,我们不能想象森林不存在气候将会是何种局面,而毁林又是导

---

① [德]马克斯·韦伯:《经济与社会》(上卷),林荣远译,商务印书馆,1998年版,第67页。

② 刘杨:《正当性与合法性概念辨析》,《法制与社会发展》2008年第3期。

③ [美],弗兰克·G·戈布尔:《第三思潮——马斯洛心理学》,吕明、陈红雯译,上海译文出版社,2001年版,第42页。

④ [美]博登海默:《法理学:法律哲学与法律方法》,邓正来译,中国政法大学出版社,1999年,第196页。

⑤ Post,w. M. W. R. Emanuel,et al:Soil carbon pools and world life zone. Nature,1982,298:156-159.

致森林碳排放的主要原因。林木所有权人可以按照自己的意志自由采伐林木，意味着毁林、滥伐将变得并不遥不可及，从而危及人类生存环境的安全。因此，从理性层面上对林木所有权进行一定的限制，符合自然法中对安全、秩序的追求。

在经验层面，对所有权的绝对支配性进行限制已经成为理论上的共识，当然包括对林木的所有权。所有权的绝对支配性以个人利己主义的创造精神和自然法理论为前提，毫无疑问曾有过巨大的历史贡献，但是它容易造成社会财富的浪费和资源配置的低效率，容易造成个人利益与整体利益的冲突，形成事实上一种不平等关系，对这种绝对性进行限制即所有权的社会化思想逐步形成，并得到法律上的认可。这种思想体现在森林法领域尤为明显：其他法律规定林木所有权制度，涉及的是自然资源经济功能的实现。但是林木所有权人实现其所有权的行为却会触及生态功能与其他非经济功能，而这些功能不能为林木所有人独立拥有，也不能为其他任何人独占，这是一种典型的社会公共利益。林木所有人采伐林木的行为将带来生态功能与其他非经济功能的降低，因此必须为了社会公共利益对林木所有人的所有权进行限制。

三、现行法律对林木所有权的限制及评述

（一）现行法律规定对林木所有权的限制

1. 对林木采伐总额、林木采伐的限制

根据法律调整法域的不同，大陆法系国家将法律划分为公法与私法。从现行森林法规定的内容来看，森林法应当属于公法的范畴。基于公共利益，由政府行政部门作为公共利益的代表者对林木所有权进行限制，属目前较为可行的方式之一。该法律是将森林的生态价值与其他非经济价值放在首位而把"提供林产品"的经济价值放在次要位置的[①]。为了充分发挥森林的生态价值与其他非经济价值，保护公共利益，《森林法》《森林法实施条例》等法律法规对采伐总额、林木采伐进行了限制：

（1）对林木采伐总额的限制。对林木采伐总额的限制是国家按照合理经营、永续利用的原则，对林木实行限制采伐的最大控制量，也是森林法的一项重要制度。《森林法》第八条规定，国家对森林实行限额采伐，鼓励植树造林、封山育林，扩大森林覆盖面积；第二十九条规定，国家根据用材林的消

---

① 《森林法》第一条规定：为了保护、培育和合理利用森林资源，加快国土绿化，发挥森林蓄水保土、调节气候、改善环境和提供林产品的作用，适应社会主义建设和人民生活的需要，特制定本法。

耗量低于生长量的原则,严格控制森林年采伐量;第三十条规定,国家制订统一的年度木材生产计划。年度木材生产计划不得超过批准的年采伐限额。计划管理的范围由国务院规定;《森林法实施条例》第二十八条规定,国家所有的森林和林木以国有林业企业事业单位、农场、厂矿为单位,集体所有的森林和林木、个人所有的林木以县为单位,制定年森林采伐限额,由省、自治区、直辖市人民政府林业主管部门汇总、平衡,经本级人民政府审核后,报国务院批准;其中,重点林区的年森林采伐限额,由国务院林业主管部门审核后,报国务院批准。

(2)对林木采伐的限制。为了保有森林存量,控制森林采伐,大多数国家规定了林木采伐许可制度。我国《森林法》第三十二条规定,采伐林木必须申请采伐许可证,按许可证的规定进行采伐;农村居民采伐自留地和房前屋后个人所有的零星林木除外。第三十三条规定,审核发放采伐许可证的部门,不得超过批准的年采伐限额发放采伐许可证。

2.对采伐方式的限制

相比较来说,林木不同于民法、物权法上其他的物,它的生长周期长、见效慢、投资大,民间谚语"十年树木百年树人"便是这个道理。对于一般的"物",所有权人行使处分权能,一般没有处分方式上的限制,但基于林木自身特点,法律规定了林木所有权人行使处分权能时应当采取相对特殊的方式。

《森林法》第三十一条规定,采伐森林和林木必须遵守下列规定:第一,成熟的用材林应当根据不同情况,分别采取择伐、皆伐和渐伐方式,皆伐应当严格控制,并在采伐的当年或者次年内完成更新造林;第二,防护林和特种用途林中的国防林、母树林、环境保护林、风景林,只准进行抚育和更新性质的采伐;第三,特种用途林中的名胜古迹和革命纪念地的林木、自然保护区的森林,严禁采伐。效力较低的《森林采伐更新管理办法》规定得更为详细。该《办法》第七条、第八条规定,对用材林的成熟林和过熟林实行主伐。主伐的方式分为择伐、皆伐和渐伐。中幼龄树木多的复层异龄林,应当实行择伐;成过熟单层林、中幼龄树木少的异龄林,应当实行皆伐;天然更新能力强的成过熟单层林,应当实行渐伐。毛竹林采伐后每公顷应当保留的健壮母竹,不得少于2000株。第九条规定,对下列森林只准进行抚育和更新采伐:①大型水库、湖泊周围山脊以内和平地150米以内的森林,干渠的护岸林。②大江、大河两岸150米以内,以及大江、大河主要支流两岸50米以内的森林;在此范围内有山脊的,以第一层山脊为界。③铁路两侧各100米、公路干线两侧各50米以内的森林;在此范围内有山脊的,以第一层山脊为界。④高山森林分布上限以下150米至200米以内的森林。⑤生长在坡陡和岩

石裸露地方的森林。第十条规定,防护林和特种用途林中的国防林、母树林、环境保护林、风景林的更新采伐技术规程,由林业部会同有关部门制定。《森林采伐作业规程》的国家标准规定得更为详细,这里不再赘述。可见,林木所有权人对林木进行采伐,要受到林种和法定采伐方式的限制。

(二)对现行法律规定限制林木所有权的评述

1.从公法上限制林木所有权虽然具有正当性,但是不符合比例原则

林木既具有经济价值又具有生态价值与其他非经济价值,所有权人行使所有权的绝对原则时,由于现行法律没有完全将它的生态价值与其他非经济价值纳入保护的范围之中,不可避免地会对人类的生存环境安全——这一公共利益造成损害,因此从公法上对林木所有权进行限制,具有理性层面和经验层面上的正当性。

对林木所有权进行限制具有正当性,并不意味着限制的无原则性,即这种限制也应当是"有限度的"。公法中的比例原则很好地阐述了这种"有限度"。比例原则被视为公法领域内"帝王条款",它对于控制公权力的恣意横行、保护公民财产权和人身权有着重要的意义。一般而言,比例原则包括三个内容:第一,妥当性原则(又称为特殊性原则),即行使公权力必须有助于目的性的实现;第二,必要性原则(又称为最小侵害原则、不可替代性原则),即达成目的如果有多种措施可供选择时,应当选择对公民财产、人身最小侵害的措施;第三,狭义的比例原则(又称为相称性原则),即采取措施造成的损害与欲达到的目的必须相称,不能失衡。

现行《森林法》《森林法实施条例》等法律法规的规定是否符合比例原则呢?对照比例原则的内容分析之:首先,采用设置林木行政许可的方式限制林木所有权,即便是属于公民个人的私有财产——林木,没有行政许可便面临行政处罚甚至刑事责任,极大地限制了林木所有权的行使,有助于人类环境安全——这一公共利益的实现。其次,在达到保护人类环境安全——这一公共利益面前,通过使所有权人承担行政责任甚至刑事责任——这种方式限制林木所有权是否具有不可替代性、最小侵害呢?本人认为答案是否定的。退一步来讲,如果让国有林、集体林作为环境安全的承担者可以理解的话,让每位公民、每个林木所有权人承担这种责任则有矫枉过正之嫌,不符合必要性原则。最后,限制私人林木所有权亦不符合狭义的比例原则。对林木享有所有权,尤其是私人所有林木,其目的是最大限度地追求经济价值,为了保护林木的生态价值与其他非经济价值,法律简单粗暴地规定采伐自己的林木也必须申请行政许可,否则将会面临行政处罚甚至刑事责任的追究,超过了保护公共利益的需要。这就恰似法律为公民个人所有林木设局:要么选择林木的生态价值与其他非经济价值——公共利益,要么选择法

律责任,不利于个人植树造林的积极性。

2.从公法上限制林木所有权虽然可以直接实现生态价值与其他非经济价值,但是不利于实现经济价值

林木属于典型的资源性物,既具有经济价值,又具有生态价值与其他非经济价值。民法、物权法对其及价值的归属、利用和交换做了明确的规定,环境法对它的生态价值与其他非经济价值做了规定,即在同一物质载体上存在有多重价值,且不同的法律对这些价值做不同的规定。虽然在法律上可以分清,但是在现实中,保护一种价值或者实现该价值时不可避免地与其他价值发生冲突,随之而来的便是如何协调这些多重价值之间的冲突。

现行《森林法》《森林法实施条例》采取了"一刀切"的方式:为了实现林木的生态价值与其他非经济价值,不论林木所有权归谁所有,都必须到林业主管部门申请行政许可,不申请则面临行政处罚甚至行政责任的追究。这种人类环境安全——公共利益的保护,仅有公法手段的运用是远远不够的,还存在下列弊端:第一,在物质基础上,公法手段与第二次资源分配相适应,忽视资源配置的效率,林业主管部门极有可能为了区域利益、部门利益甚至长官利益牺牲公共利益,从而出现"政府失灵"。第二,在运行方式上,容易造成林业主管部门和林木所有权人之间的对立,不易发挥人的主动性、积极性和创造性。如果告知林木所有权人采伐自己的林木必须办理采伐许可证,否则将会面临行政处罚甚至刑事责任的追究,任何人都会慎重考虑是否从事该行业。第三,在动力来源上,人类环境安全——公共利益的保护,其力量源泉在于对公共利益的尊重,是一种道义发动机制,仅单凭公法手段的运用也是靠林业主管部门工作人员的责任感,是消极的、被动的,指望工作人员看护好所有的林木是不现实的、不可能的。

为了实现林木的经济价值忽视其生态价值与其他非经济价值,赋予林木所有权人对林木的完全支配权致使环境恶化,这种方式并不可取;同样,为了实现林木的生态价值与其他非经济价值,对林木经济价值实施严格公法手段的管制,这种做法亦不可取。将要修改的《森林法》必须在经济价值的实现、生态价值与其他非经济价值的保护方面,协调两者之间的关系。

第三节　林地承包经营权:林地的合理利用

林地属于农村土地的内容之一。由于土地只能属于国家或者集体所有,其他主体只能借助法律规定的用益物权制度进行利用,具体到林地而言则称之为"林地承包经营权"。

一、林地承包经营权概述

(一)概念及其分类

林地是森林、林木得以存在的物质基础,正是土地上存在林木或者具备林木生长的条件,故被称之为"林地"。《森林法实施条例》第二条第四款也做了明确规定①。因此,从这层意义上而言,现实人们一般观念中的"林地"与法律意义上的"林地"并不完全重合。

《农村土地承包法》第二条规定,农村土地,是指农民集体所有和国家所有依法由农民集体使用的耕地、林地、草地,以及其他依法用于农业的土地。因此,林地是农村土地的一部分,林地承包经营权属于土地承包经营权的表现形式之一,是"农村土地承包经营权在林地领域的延伸"。对林地承包经营权进行定义,可以比照对"土地承包经营权"的经典定义,林地承包经营权是指个人、单位通过依法订立承包合同所取得的对集体所有或者国家所有的土地从事林业生产经营并获得收益的权利②。

根据林地承包经营权的产生方式,可以将其分为两类:第一,以家庭承包方式取得的林地承包经营权。由于这种林地条件较好,国家赋予它们社会保障的功能,采取按人分地、按户承包的方式,依照集体经济成员人数平均予以分配,也是取得林地承包经营权的主要形式。第二,以招标、拍卖或协商等方式取得的林地承包经营权。由于林地分布状况多样,对于以"荒山、荒沟、荒丘、荒滩"形式存在的林地,依靠分散个体农户力量并不能取得期待的经济利益,根据法律规定采取招标、拍卖或协商的方式予以分配,它是家庭承包的辅助方式。

(二)林地承包经营权的性质

1.以家庭承包方式取得的林地承包经营权

对于以家庭承包方式取得的林地承包经营权的性质,法律、理论界的认

---

① 该条款规定,林地是包括郁闭度0.2以上的乔木林地以及竹林地、灌木林地、疏林地、采伐迹地、火烧迹地、未成造林地、苗圃地和县级以上人民政府规划的宜林地。

② 对于"取得的土地从事林业生产经营"的称谓,有"林地承包经营权""林地使用权"等不同的称呼。有的学者认为"林地使用权"的内涵与外延大于"林地承包经营权"的内涵与外延,有的认为两者只是称呼的不同而无本质区别。本人认为,《农村土地承包法》和《物权法》等法律和政策都采用"林地承包经营权",并且这种称谓和理论上形成的称谓习惯相一致,采用"林地承包经营权"较为合适。

识是统一的,即它属于土地用益物权的表现之一。基于目前我国国情,法律规定土地的所有权只能属于国家或者集体所有,个人(包括农村集体经济组织成员)对林地的利用,法律只能在此基础上设置他物权以实现其目的。依照权利人对物的支配范围为标准,可将物权分为所有权(即自物权)和他物权,他物权又分为用益物权和担保物权。用益物权的产生,主要是基于所有权和使用权相分离的制度。一方面,土地作为一种资源总是有限的,不可能满足所有人对它行使所有权的渴求;另一方面,土地拥有者不对其财产加以使用,非拥有者却急需且合法使用土地,这种暗含的巨大力量促使了土地所有权和土地使用权的分离,尤其与中国国情相适应,土地承包经营权被理论和法律上界定为用益物权便顺理成章。根据《农村土地承包法》的规定,农村土地被分为耕地、林地和草地等,林地承包经营权当然属于典型的用益物权之一。

2. 以招标、拍卖或协商等方式取得的林地承包经营权

从性质上来说,家庭承包方式取得林地承包经营权毫无疑问属于用益物权。以招标、拍卖或者协商等方式取得的林地承包经营权是否也属于物权乃至用益物权的范围呢? 对此,学者们认识并不一致。有人认为它属于用益物权,有人认为它是债权[①]。笔者认为,以招标、拍卖或协商等方式取得的林地承包经营权应当属于债权,但是经依法登记后具有一定的物权性质[②]。原因如下:

(1)从解释学的角度出发,以招标、拍卖或协商等方式取得的林地承包经营权的性质属于债权。2002 年全国人大常委会《关于〈中华人民共和国农村土地承包法(草案)〉的说明》明确指出,立法目的在于对家庭承包的土地实行物权保护,对其他形式承包的土地实行债权保护。当时通过的《中华人民共和国农村土地承包法》将"家庭承包"和"其他方式承包"分别作为该法律的第二章、第三章的章名。如果两种方式取得的土地承包性质相同、采用相同的规则,合为一章则更为方便简洁。这从反面印证了两者性质并不相同;此外,从物权法的规定来看,《中华人民共和国物权法》第十一章"土地承包经营权"第一百二十四条至一百三十二条按照用益物权原理,设置了家庭承包方式取得的土地经营权的规则,第一百三十三条单独说明了以招标、拍卖或协商等方式取得的承包经营权的规则,显然从立法技术上确定了这一条为本章的例外情形,不属于用益物权性质。

---

① 张红霄:《林地承包经营权流转的〈森林法〉规制》,《江西社会科学》2012 年第 4 期。

② 尹飞:《物权法·用益物权》,中国法制出版社,2005 年版,第 310 页。

（2）从性质上看，以招标、拍卖或协商等方式取得的林地承包经营权的性质属于请求权、相对权，具有债权的特征。请求权是指请求他人为一定行为或者不为一定行为的权利①。请求权人自己不能直接取得作为该权利内容的利益，必须通过他人的特定行为间接取得；而相对权是指必须通过义务人实施一定的行为才能实现，权利人只能对抗特定的义务人②。而债权则是基于以上两个特征，是特定的一方当事人请求另一方当事人为一定行为或者不为一定行为的权利。在以招标、拍卖或协商等方式取得的林地承包经营权中，对于经营的地点、期限和当事人之间的权利义务等内容，是基于当事人一方需与集体经济组织的协商而非法律规定产生。一方当事人权利的行使，只能请求对方当事人义务的履行才能够实现，且仅局限在当事人之间。

区分以家庭承包方式和以其他形式取得的林地经营权具有重要的意义。因为在性质上两者分属物权和债权，在取得方式、保护期限、追及效力等诸多方面并不相同。尤其是在涉及使用权流转上，一个属于用益物权的法律处分，一个属于债权的移转，法理基础的不同将导致不同的制度设计。

二、林地承包经营权的规制

土地是人类生存与发展的最重要资源，也是一个国家赖以存在的物质基础。对土地的归属、利用、流转和管理关系进行规范，更是国家法律的重要组成部分。作为资源性物的土地，它不仅是环境与资源保护法调整的对象，也是物权法得以确立、发展和保护的对象。

土地管理法将土地分为农用地、建设用地和未利用地，在农用地中又分为耕地、草地以及其他依法用于农业的土地。根据第七次全国森林资源清查结果，全国林地面积30378.19万公顷（其中天然林面积11969.25万公顷，人工林保存面积6168.84万公顷）③。以何种理念指导、设计何种规则规范林地合理利用，是立法者必须面对的问题。长期以来，林地被归为国家、集体农用地并在民法尤其是物权法的范畴内进行研究，注重其经济价值的发挥而忽视林地生态价值与其他非经济价值的实现。但是，物权的社会化为林地的合理利用提供了新的契机。本书以物权法的社会化视角阐述林地的合理利用。

---

① 王利明：《民法总则研究》，中国人民大学出版社，2003年版，第213页。
② 王利明：《民法总则研究》，中国人民大学出版社，2003年版，第228页。
③ 数据不包括香港、澳门和台湾地区。资料来源于 http://www.forestry.gov.cn/main/65/content-326341.html。

所有权的社会化直接导致了法律对所有权由绝对保护转变为相对保护。对所有权的限制表现为绝对限制和相对限制。绝对限制例如宪法、行政法等部门法的规范中直接规定了所有权可由法律限制，相对限制则表现为他物权的优位化①。对于所有权间接限制，不论是物权法理论上还是具体的规范中，都已经达成了这种共识。这里我们主要讨论对所有权的直接限制。

（一）对林地承包经营权人的规制

我国农村集体经济组织以家庭承包方式经营为基础、统分结合双层经营管理体制为根本的经济制度。经过历史的实践和时间检验，家庭承包制是我国设立土地承包经营权的制度基础。《农村土地承包法》第二条规定，农村土地包括"耕地、林地、草地，以及其他依法用于农业的土地"，可以确定农村土地承包经营权的客体当然包括林地，理论研究中的"土地承包经营权"当然适用于林地。

1. 以家庭承包方式初始取得的林地承包经营权

我国农村人口众多、土地资源匮乏，农业生产是我国国家安全、经济发展和社会稳定的基础。我国物权法、农村土地承包法将土地承包经营权进行物权化制度设计，赋予土地承包者对农用土地长期、稳定利用的权利，主要是用于解决农村土地集体所有和家庭经营之间的矛盾。

以家庭承包方式取得林地承包经营权承包人的规制，主要体现在对其身份的规制之上，即家庭承包方式取得林地承包经营权"承包人"，应当是"农村集体经济组织成员"。我国尚未完全建立有效的社会保障制度，特别是广大的农村地区农民，作为集体经济组织成员为城市的工业化进程提供了基本的资本积累，做出了巨大的牺牲。如果国家不从制度设计上为其提供社会保障，难免走上动荡不安之路。因此，从传统意义上来说，土地被视为农民的"命根子"，亦是农民最根本的保障。所以，物权法、农村土地承包法规定土地承包经营权主体原则上为农村集体经济组织成员，赋予他们对农地（当然包括林地）长期、稳定利用的土地承包的权利，体现了公平原则。此外，在历史上农村集体经济组织是由农民响应党的号召、自愿放弃土地而形成的，它应当以无偿提供土地供其使用作为一种补偿。因此，作为发包人的农村集体经济组织应当被赋予强制缔约义务，即凡是本集体经济组织成员，集体经济组织都应当无偿满足其成员提出的签订土地承包合同的要求。

对于承包主体的称谓，现行的法律并不一致。在《民法通则》中，第二章

---

① 吕忠梅：《沟通与协调之途——论公民环境权的民法保护》，中国人民大学出版社，2005年版，第161页。

"公民（自然人）"的第二十七条将承包主体称为"农村承包经营户"，作为一类特殊的自然人类型做了规定；《土地管理法》第十四条、十五条则称为"本集体经济组织的成员"；2002年8月29日全国人大常委会通过、2003年3月1日正式实施的《农村土地承包法》是规范土地承包经营权的专门法律，其称呼为"本集体经济组织的农户"；2007年10月1日正式实施的《物权法》第十一章规定了"农村土地承包经营权"，在其内容中则统一称之为"土地承包经营权人"。本人认为，从法学研究的角度看，土地承包法律关系的主体当然应当称之为"土地承包经营权人"，这里的"人"，"形式上是农户，实质上是集体经济组织成员"①。以"户"的形式为单位，按照成员数量、土地条件以及本集体的历史习惯对土地进行承包，主要是基于土地承包经营权制度的价值、农业经营的方式以及中国传统文化的考量②。

2. 以其他方式初始取得的林地承包经营权

以其他方式取得的林地承包经营权的"林地"，不同于一般的林地：就所在的地域而言，主要是指不宜采取家庭承包方式的荒山、荒沟、荒丘、荒滩（简称"四荒"）等农村土地；就投入而言，这些地域的林地由于并不当然具有林业生产条件，可能需要特别的投入方可用于植树造林；而且对这些林地的投入还需要一定的规模才能在合理的期限内收回投资。如果将这些林地按照一定的标准以"户"的形式平均分配给个人，则可能无法实现规模效益，从而得不偿失。

对于以其他方式取得林地承包经营权的承包人，现行法律法规没有做出明确的规定。考虑到此类林地条件不好，需要较长周期和较大规模的投资，《农村土地承包法》第四十七条、四十八条第二款对承包人做了如下规定：在同等条件下，本集体经济组织成员享有优先承包权；由本集体经济组织以外的单位或者个人承包的，应当对承包方的资信情况和经营能力进行审查后，再签订承包合同。设定这两个条款，一方面考虑到本集体经济组织成员的优先权，另一方面在成员放弃优先权时，对于本集体经济组织成员之外的承包人的要求：应当具备一定的资信和经营能力。这些都是为了防止承包方在取得林地承包经营权之后，无法履行承包合同。

---

① 韩志才、袁敏殊：《土地承包经营权主体辨析》，《安徽大学学报（哲学社会科学版）》2007年第4期。

② 袁震：《论"户"的主体构造及相关土地承包经营权益冲突》，《河北法学》2013年第9期。对于以"户"为单位设定权利的探讨，由于不是本书的重点不再展开讨论，具体参见张平华《农村土地承包权的个案调查与研究》（载王利明主编《物权法专题研究》，吉林人民出版社，2002年版）、尹飞著《物权法·用益物权》（中国法制出版社，2005年版）等。

3.林地合理使用中对于初始取得主体不同要求的评析

《物权法》《农村土地承包法》对以承包方式和以其他方式取得承包经营权的农村土地(当然包括林地),在主体上做出不同规定,是有其法理依据的。即使面临城市化日益加快的局面,农村地区所占的面积、人口等仍占相当大的比例。保持农村人们生活富足、环境安全和繁荣稳定,具有特别重要的意义。对于以农村土地承包方式初始取得林地使用权的,法律规定仅限于农村集体经济组织成员。一般而言,这些林地条件较好,是以林业为主的农村地区赖以生存的基础,如果不能设计公平的法律制度予以分配林地使用权,容易造成人心不稳、环境破坏的情况。法律将非本集体经济组织成员排除在林地承包经营外,首先排除了外部因素对一定地区原有局面的破坏,然后以"户"为单位,结合"户"内人口数量、年龄结构等因素分配给"户",实现公平原则;而以其他方式初始取得承包经营权的林地使用权的,法律规定本集体经济组织成员在同等条件下享有优先权。若成员放弃优先权的,非集体经济组织成员可以以一定的初始方式取得承包经营权。对于这类土地,法律用列举的方式规定荒山、荒沟、荒丘、荒滩(简称"四荒")等土地可以对外承包。这类"四荒"地条件相对不好,以农户承包方式显然不能达到规模经营的目的,需要较长的周期、较大的投资才能实现承包者的目的。这其实是效率的要求:个体分散经营的小农经济肯定不敌集约经营规模化生产的市场经济,引进外部资金、管理和技术是必然的选择。《物权法》《农村土地承包法》等法律在土地经营分配模式上,正是坚持了这种公平优先、兼顾效率原则,为农村经济发展、保持稳定做出了制度保障。

现行法律制度设计对农村土地(包括林地)承包以公平优先、兼顾效率为原则,客观上有利于环境保护、生态价值与其他非经济价值的实现。我国林地主要分布在东北、西南交通不便的山区和边疆地区,以及东南山区,这些地区相对而言生态环境脆弱,些许的某些环境要素变化可能会对当地产生重要影响,因此林地集中分布区的农户已经形成了本地区独特的自然的体验、认识和情感,直接体现先民对自然万物自有秩序的认知,林地承包局限在集体经济组织成员内部,排除非集体经济组织成员,当然有利于当地森林保护、实现环境公平。而荒山、荒沟、荒丘、荒滩(简称"四荒")等林地非个体农户所能承包经营,法律没有任何限制地将其设计为开放性,实际上是在鼓励各类主体参与"四荒"林地的承包经营。法律对主体没有设置羁绊,但在经营内容上规定了,从理论上堵塞了"四荒"承包导致林地过度使用的可能性。

(二)对林地承包经营内容的规制

《物权法》明确规定农村土地承包经营权属于用益物权之一。林地属于

农村土地的一部分①，对林地承包经营，"是将农村家庭承包经营制度从耕地向林地的拓展和延伸，是对农村土地经营制度的丰富和完善"②。从法律性质上来说，林地承包经营权也是用益物权的表现形式之一。

　　用益物权属于他物权的一种表现形式，是根据法律的规定和当事人的约定，由非所有权人在所有财产上享有的占有、使用、收益和依法享有的一定的处分权。具体到土地而言，则是对他人（国家或者集体）所有的土地而享有的物权，并不依附于特定人或者特定土地而独立存在，是一种独立的财产权。正是基于此种性质，我国实现了对农村土地（包括林地）所有权和使用权的分离，创建了家庭承包经营为基础、统分结合的双层经营体制。农户成为林地承包经营权主体之后，对林地享有占有、使用、收益和一定的处分权能。这里的"一定的处分权能"，不但为本集体经济组织成员以家庭承包方式取得的所享有，而且非集体经济组织成员以其他方式取得的也享有。也就是说，上述两类主体，对于合法取得的林地承包，可以依法或者依照约定进行耕作、造林、畜牧等活动，甚至建造一定的构筑物辅助于林业生产和进行一定形式的流转。

　　我国尚未制定专门对林地承包经营内容进行规制的法律③，仍需要遵照《农村土地承包法》的有关规定规制林地承包内容。《农村土地承包法》第十三条规定，作为国家或者集体的发包方，有权监督承包方依照承包合同约定的用途合理利用和保护土地、制止承包方损害承包地和农业资源的行为；第十七条规定，承包方有义务维持土地的农业用途，不得用于非农建设、依法保护和合理利用土地，不得给土地造成永久性损害。通过以上规定可以看出，不论以何种方式初始取得林地承包经营权，发包人——国家或者集体，都有权监督承包方合理利用和保护林地；承包方——集体经济组织成员及非集体经济组织成员，都不得损害承包地和农业资源、不得用于非农建设和不得给林地造成永久性损害。土地承包经营权流转过程中也不得改变土地所有权的性质和土地的农业用途。以其他方式取得荒山、荒沟、荒丘、荒滩（简称"四荒"）承包经营的，更是应当遵守有关法律、行政法规的规定，防止

---

　　①　《中华人民共和国农村土地承包法》第二条规定：本法所称农村土地，是指农民集体所有和国家所有依法由农民集体使用的耕地、林地、草地，以及其他依法用于农业的土地。

　　②　《中共中央国务院关于全面推进集体林权制度改革的意见》，2008年6月8日发布。

　　③　《森林法》《森林法实施条例》部分条款和国家林业局出台的《征占用林地审核审批管理办法》部分内容对林地承包经营进行了规制，很多省、自治区、直辖市制定的地方性法规和政府规章对林地管理进行了规范。

水土流失,保护生态环境。

为什么林地承包经营权主体在行使用益物权人权利时要受到限制呢?主要是基于两方面的原因:第一,物权所有人利益的保护。用益物权毕竟是对他人之物的权利,法律制度必然要考虑保护所有人的利益才能使这种制度保持生命力。"从理论上讲,用益物权是物权之一,在法律允许的范围内仍然赋予其稳定的排他权利,可能不利于真正的物权所有人,使得所有权人行使权利时(用益物权终止时)物的价值已经丧失殆尽,或者不能保障相应的价值物回归所有权人。"①用益物权制度设计也应当注重所有权人利益的保护。林地承包经营权主体在行使权利时,合理利用林地,不能对林地造成永久性损害。第二,森林可持续发展的需要。林地、耕地、草地以及其他依法用于农业的土地都是土地承包经营权的客体,但国家对于耕地保护的重视程度远远高于其他农用地②。事实上,在某些山区、丘陵地带,林地的作用一点都不亚于耕地。依林地而生的森林提供的林产品不仅是林农收入、财政收入的主要来源,而且还是该地区生态安全的主要保障。林地是山区、丘陵地带林农赖以生存的基础和森林可持续发展的前提条件,正是依附于林地之上,森林才得以存在。所以,林地承包经营权主体在取得林地承包经营过程中,不得随意改变林地用途。确需改变用途对林地进行征用或者占用的,必须申请行政许可,否则将承担行政处罚甚至刑事责任的制裁。

第四节　森林碳汇权:生态价值法律化的实例

人类赖以生存的自然环境与气候紧密相关。目前,由于人类的狂妄自大与无知,气候的变化无常已经对人类活动和自然生态系统造成重大的负面影响。在"变化无常中",其中以气候变暖对人类生存与发展构成威胁为最。在应对气候变暖的过程中,各国不断创新各种法律制度进行应对,其中"森林碳汇交易"便是其中之一。

---

① 高富平:《土地使用权和用益物权——我国不动产物权体系研究》,法律出版社,2001年版,第33页。

② 例如国家提出"把粮食安全放在首要位置""对耕地保护实行18亿亩红线制度"等政策、宣传之外,在颁布了《农业法》《基本农田保护条例》等法律法规中主要涉及的是耕地的保护。

一、森林碳汇相关概念及法律

（一）"气候变化"与"碳汇"

《联合国气候变化框架公约》（United Nations Framework Convention on Climate Change，简称 UNFCCC）对"气候变化（climate change）"做出了明确规定，指"除在类似时期内所观测的气候的自然变异之外，由于直接或间接的人类活动改变了地球大气的组成而造成的气候变化"①，不包括由于自然因素造成的"气候变率"。而在学理上，"气候变化"是指气候平均状态统计学意义上的巨大改变或者持续较长一段时间（典型的为 30 年或更长）的气候变动。它不但包括平均值的变化，也包括变率的变化。

气候变化（climate change）主要表现为三方面：全球气候变暖（global warming）、酸雨（acid deposition）、臭氧层破坏（ozone depletion），其中全球气候变暖是人类目前最迫切的问题，关乎人类的未来。在人为因素中，大气中二氧化碳排放量增加是气候变暖主要原因。这一点已经被科学证实。减少二氧化碳排放量的方法除了削减二氧化碳排放净值，另外就是"碳汇（carbon sink，简称 CS）"和"碳捕捉封存（carbon capture and storage，简称 CCS）"，但是"碳捕捉"在技术上现在并不成熟，"碳汇（carbon sink）"既经济又可行。

从学理上来说，"碳汇"是指陆地生态系统吸收并储存二氧化碳的多少，并将其固定在植被或土壤中，从而减少该气体在大气中的含量。在吸收二氧化碳的陆地生态系统中，主要有森林碳汇、草地碳汇、耕地碳汇和海洋碳汇。在上述碳汇中，森林碳汇是指"森林植物通过光合作用，将大气中的二氧化碳吸收并固定在植被与土壤当中，从而减少大气中二氧化碳浓度的过程"②。

（二）"碳汇""碳源"和"碳库"等有关基本概念

在地球引力的作用下，在地球周围形成数千公里厚度的大气层，其中氮气、氧气约占 99%，二氧化碳约占 0.03% 及其他惰性气体、水汽和尘埃等气溶胶及大粒度悬浮颗粒。从地球上排放出去的各类气体与大气中的各种成分相互结合，经过物理和化学变化，再以不同的物质形式降落到地球表面。通常，从地球上排放出去的各类气体（或者物质）的原始地点，称之为"源"（sources）；这些物质被排放到大气层中，在太阳的直射下发生各种复杂的物

① 《联合国气候变化框架公约》第一条第二款第三项内容。
② 百度百科：http://baike.baidu.com/view/368378.htm。

理和化学反应,形成了其他物质,这些新物质在各种自然力的作用之下迁移和变迁到其他场所(或者附着于其他载体),这个新场所(载体)称之为"汇"(sink)。排放出去的各类气体在"源"(sources)和"汇"(sink)的过程,即为一个物质循环过程,这个循环是个动态的平衡,并且人类自身也适应了这种平衡。但是由于人类活动的加剧,这种平衡逐渐被打破,最明显的莫过于二氧化碳的含量逐渐增加导致温度不断升高,气候变化不断加剧。

《联合国气候变化框架公约》对"汇""源""库"等概念做了规定:"汇"是指"从大气中清除温室气体、气溶胶或温室气体前体的任何过程、活动或机制";"源"是指向大气排放温室气体、气溶胶或温室气体前体的任何过程或活动;"库"是指气候系统内存储温室气体或其前体的一个或多个组成部分。

学术界对"碳汇""碳源"和"碳库"也做了有益探讨:"'碳汇'是指自然界中碳的寄存体。碳汇主要存在于海洋、土壤、岩石与生物体中,虽然国际科学界对这上述寄存体的储存和固碳能力的估计与测算结果还没有取得共识,但是毫无疑问它们都是巨大的碳汇场所。'碳源'是指自然界中向大气释放碳的母体。动植物的呼吸作用、动植物本身的分解、化石燃料燃烧、大规模森林破坏、土地利用形态的改变,均形成大量的碳排放到大气中。全球每年约有 70 亿吨碳经各种生物生存以及人类生产活动排放到大气中。'碳库'是由于森林生态系统通过光合作用形成碳沉降,使森林具有储存碳的库的作用"①。

(三)国际和我国森林碳汇法律及其开展

1.国际上"碳汇"的有关法律文件

国际上涉及"碳汇"的法律文件主要有四个:《联合国气候变化框架公约》《京都议定书》《马拉喀什宣言》和《气候变化与可持续发展德里部长宣言》。

《联合国气候变化框架公约》是第 45 届联合国大会设立的气候变化框架公约政府间谈判委员会(INC)经过多次会议在 1992 年 5 月 9 日在纽约通过的。它由序言、二十六条正文和两个附件组成②。序言重申了各缔约国对于气候变化所达成的共识,而正文则就公约的目标、原则、承诺、资金机制和争端解决程序等主要内容,涉及"碳汇"的主要是明确了"汇""源""库"等概念,两个附件则对缔约国进行了具体分类。

《京都议定书》(下称《议定书》)包括二十八条条款和两个附件。《议定书》确定以下内容:第一,定量减排目标。议定书规定了主要发达国家(附件

---

① 李顺龙:《森林碳汇经济问题研究》,东北林业大学博士论文,2005 年,第 42 页。

② 联合国森林议题网站: http://www.un.org/zh/development/forest/unfccc.shtml。

一列举的国家)的温室气体排放量,未对发展中国家要求明确的减排目标。第二,削减排放的温室气体。第三,规定了排放贸易(emissions trading 简称 ET)、联合履约(joint implementation,简称 JI)和清洁发展(clean development mechanism,简称 CDM)三个机制。其中清洁发展机制的一项重要内容就是可以通过实施造林再造林碳汇项目,产生实质性的温室气体减排量,可以用来实现发达国家在议定书中承诺的减排目标。就"森林碳汇"而言,该《议定书》最大的成果就是"承认森林碳汇对减缓气候变暖的贡献,并要求加强森林可持续经营和植被恢复及保护,允许发达国家通过向发展中国家提供资金和技术,开展造林、再造林碳汇项目,将项目产生的碳汇额度用于抵消其国内的减排指标"①。2003 年 12 月召开的第九次缔约方大会,国际社会已就将造林、再造林等林业活动纳入碳汇项目达成了一致意见,制定了新的运作规则,为正式启动实施造林、再造林碳汇项目创造了有利条件。

《马拉喀什宣言》与《气候变化与可持续发展德里部长宣言》"表达的是发展中国家关于气候变化问题的原则立场和观点"②"彰显了发展中国家意愿的国际环境法文件"③,总体上希望发展中国家联合起来,共同面对发达国家推卸气候变化责任。

2. 我国"森林碳汇"的法律文件

2011 年 8 月 3 日由国家发展和改革委员会、科技部、外交部、财政部联合发布了《清洁发展机制项目运行管理办法》(下称《管理办法》)对我国的清洁发展机制(CDM)做了规定。该《管理办法》包括总则、管理体制、申请和实施程序、法律责任、附则五章三十九条。虽然没有提及"碳汇",但是却是《京都议定书》清洁发展机制在我国法律上的体现。2003 年年底,国家林业局成立了碳汇管理办公室,具体负责森林碳汇活动的协调与管理活动。广西壮族自治区苍梧县和环江县森林碳汇项目与内蒙古自治区赤峰市敖汉旗森林碳汇项目是我国第一批严格意义上的清洁发展机制森林碳汇项目。

二、森林碳汇制度

(一)森林碳汇产生的经济前提:"价值性"与"稀缺性"

20 世纪以来,科学技术的快速发展使得对各类自然资源开发利用变得平常,人类社会的文明也得以"提高"。但是这种"提高"的代价与自然资源

---

① 百度百科: http://baike. baidu. com/link? url = lAf _ rNf7i6iu － b0kfn3JT4tx0ouMWT9HVpapWFpOORUv5aKLz9DQDy2pi9VQjy33。

② 杨兴:《气候变化框架公约研究》,武汉大学博士学位论文,2005 年,第 87 页。

③ 杨兴:《气候变化框架公约研究》,武汉大学博士学位论文,2005 年,第 96 页。

的破坏密不可分。气候变暖、生物多样性锐减、臭氧层破坏、水土流失等生态危机不断促使人类反思:人类应当以何种方式利用曾经被视为"取之不尽用之不竭"的天然资源?

在众多的生态危机中,莫过于居于首位的涉及人类整体生存环境安全——气候变暖。气候变暖说明自然状态下的生态平衡被打破,人类必须从保护生态安全和可持续发展的角度出发,寻找技术减少二氧化碳的排放或者为二氧化碳的排放增加更多的空间,否则它将给人类生存带来负面影响。无论采用何种技术减少二氧化碳的排放(即减排)还是增加排放空间(即增空),都含有"无差别的人类劳动",即具有"价值";另外,国际上的具有约束力的法律文件规定了大多数发达国家减少排放气候变暖气体的具体标准,他们在寻找一定的方式承担这种责任,即存在着对减排或者增加空间的需求,使得"减排"或者"增空"都具有稀缺性。

在所有遏制气候变暖的方法中,"森林碳汇"是所有"增空"方式中最经济且实用的方法之一,原来并没有相应规范予以调整,因此有必要通过创设新的制度性的安排——法律,规定当事人之间的权利和义务关系,平衡与制约他们之间因利用"增空"的方式——森林碳汇而发生的关系。它既满足了自己国家发展的需要,又不对人类的整体生存环境安全造成危害,从而达到效用的最大化。因此,正是这种不同国家对"森林碳汇"这种方式需求增大产生"稀缺性"和"价值性",才使得这种方式有可能成为法律制度规范的对象。

(二)森林碳汇:一种独立的"客观存在"

森林生态系统内的各种植物通过光合作用(photosynthesis)——绿色植物利用叶绿素等光合色素和某些细菌(如带紫膜的嗜盐古菌)利用其细胞本身,在可见光的照射下,将二氧化碳和水(细菌为硫化氢和水)转化为储存着能量的有机物,并释放出氧气(细菌释放氢气)的生化过程。用化学公式可以表达为:

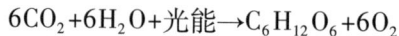

$$6CO_2 + 6H_2O + 光能 \rightarrow C_6H_{12}O_6 + 6O_2$$

$C_6H_{12}O_6$ 即为葡萄糖,是能量的最主要来源。植物通过自身的特性,不但能够将大气中的二氧化碳吸收、固定,转化为能量 $C_6H_{12}O_6$ 满足生长,形成了树干、树枝、树叶等,而且还可以释放人类生命最为需要的物质——氧气。正是因为如此,它才被称为"食物链的生产者",食物链的消费者可以吸收到植物及细菌所贮存的能量,维持包括人类在内的整个生物圈的存在。

世界气象组织(WMO)及联合国环境规划署(UNEP)于 1988 年联合建立的政府间气候变化专门委员会(Intergovernmental Panel on Climate Change,

IPCC），认定采用生物量法和蓄积量法相结合来计算森林碳汇[①]。据其估计，全球陆地生态系统碳储量约为24770亿吨，其中植被碳储量约占20%（森林植被占其77%），土壤碳约占80%（森林土壤占其39%）[②]；从全球来看寒温带森林每年每公顷吸收2.9～8.6吨二氧化碳，温带森林每年每公顷吸收2.5～27吨二氧化碳，热带森林每年每公顷吸收11.5～36吨二氧化碳[③]。

　　固碳是森林生态价值的表现形式之一，是其属性的自然体现，更是经过长期观察、测量和计算被验证为的"客观存在"。这种客观存在又具备价值性和稀缺性，为成为民法、物权法上的"物"提供了可能性。

（三）森林碳汇：具有物权法上的"物"的特征

　　物权法上的物权作为一种支配权，必须以特定的物作为其支配的客体。成为物权法上的"物"，应当具备可支配性、特定性和独立性的特征。相当多的资源性物除了具有经济价值之外，还具有生态价值与其他非经济价值。它的"经济价值"以物权法上的"物"为载体，但是"生态价值与其他非经济价值"虽以"物"为载体，却无法控制、无法特定和不能有效区分，从而不能成为物权法上的"物"。但是，随着科学技术的进步与人类的发展，"森林碳汇"成功地从"万米的高空"走入了"平凡的世界"之中，具备物权法上"物"的特征：

　　（1）森林碳汇具有可控制性。森林碳汇存在于人体之外，其寄存体包括林木、林地和其他植被之中，以一定的长、宽、高三维空间存在，并位置固定保持性质相对恒定，具有稀缺性并具有价值。

　　（2）森林碳汇具有特定性。森林碳汇具有单独的特征，不同的林木、林地所固碳的数量并不一样，具有唯一性，不能以其他物所替代。

　　（3）森林碳汇具有独立性。从物理上来说，不同的林木、林地，其碳汇数量也不一样，不但可以从固碳数量上区分，还可以从树种、面积等方面进行区分，并能为主体所控制。

　　森林的这种"固碳"的生态价值从"森林的自然属性"→"具有价值性、稀缺性物"→"具有物权法上的物的特征"，一步一步向人们设计的法律制度靠近。

---

　　①　蔡晓明、蔡博峰：《生态系统的理论和实践》，化学工业出版社，2012年版，第79页。

　　②　虽然各个组织的碳汇数量并不相同，但是都有一致的观点：森林及森林土壤碳汇数量巨大，并对大气有着举足轻重的影响。

　　③　李怒云：《中国林业碳汇》，中国林业出版社，2007年版，第50页。

三、森林碳汇权的主体、客体与内容

森林碳汇交易权是碳交易主体之间就以森林为载体的碳汇进行买卖的权利。为了人类生存环境安全,在一定的时间内一定地区必须保持一定各类气体污染物不能超过该地区的环境承载能力,即在该地区的环境容量范围之内。为了减少二氧化碳的排放,交易主体就森林碳汇进行交易,以达成目的。国际法律文件和我国国内法律都对森林碳汇的交易做了规定。在现实实践中不但存在森林碳汇的交易,而且数额保持强劲的增长势头,因此有必要就关于该权利进行理论上的探讨。

(一)森林碳汇权的主体

法律上的主体是指享有权利、承担义务的人。主体包括权利主体和义务主体,但是在具体的法律关系中,权利和义务是相对的:一方权利的实现需要对方义务的履行,另一方履行义务时也享有相应的权利,因此,权利主体和义务主体并不是截然分开的,而是在一定的情形下可以转化的。

对环境容量负有义务而产生的碳汇权是碳汇市场的核心。正是因为它具有可交易性,才有各类主体可以产生交易市场并设计法律制度对其予以规范。按照交易市场形成类型的不同,森林碳汇权的主体可以分为三类:

1.配置型市场的交易主体

配置型交易是指交易主体之间对由于总量控制与交易或者限额与交易机制而产生的减排单位的交易。它主要产生于《京都议定书》规定的有减排义务的国家之间进行的超额减排量的交易,并通常是现货交易。

配额型市场的交易主体限于加入《京都议定书》附件一的发达国家缔约方以及这些国家的经营实体。即配额市场的交易主体主要有两个:国家和经营实体。在国家层面的交易中,有富余"分配数量单位"的发达国家可以直接与其他国家进行交易。通过这种交易,可以使政府直接受益;很多国家或者地区的经营实体根据国家或者政府的授权,也直接开展这种交易:例如在属于配置型市场的欧盟排放交易体系(European Union Emissions Trading System,简称 EU ETS)内部,它的交易体系囊括了主要产业类别中的6000多家公司与机构[①]。尤其是第一年,其配额的交易主体主要是公共事业和能源公司。

配额型市场交易主体必须符合下列要求:第一,属于《京都议定书》的缔约国或者缔约国的经营实体;第二,符合计算和记录要求;第三,有适当的国

---

① 欧盟排放交易体系网站:http://ec. europa. eu/clima/policies/ets/index_en. htm。

家级评估系统；第四，有适当的国家等级系统；第五，提交相关报告和清单；第六，提交了补偿信息①。《京都议定书》的排放交易规则还为缔约国履行议定书提供了指导，如果违反了议定书第五条和第七条中关于监测和报告的规定，或者没有在秘书处登记，就会丧失交易主体资格。

2. 项目型市场的交易主体

项目型交易是指基于减排项目所产生的减排单位的交易，通常是以期货买卖。清洁发展机制（CDM）和联合履约机制（JI）是典型的代表。与配额型市场交易主体相对应的是，项目型市场交易主体则是开展清洁发展机制项目的发展中国家和《京都议定书》附件一的发达国家缔约方。清洁发展机制和联合履约机制是基于温室气体减排项目的合作机制，是一套严密的方法学论证并计算出这些项目所产生的减排信用。

《京都议定书》附件一的发达国家缔约方与非附件一国家（主要是发展中国家）的合作机制是清洁发展机制，项目产生的减排量称之为"经核准的减排量"（CER），附件一国家之间的互相合作的机制是联合履约机制，项目产生的减排量称之为"减排单位"。因此交易主体因实施项目的不同而有所不同：清洁发展机制项目的交易主体是发展中国家和发达国家缔约方；联合履约机制项目的交易主体是《京都议定书》附件一的发达国家缔约方。

项目型市场交易主体必须符合下列要求：①《京都议定书》的批准国；②自愿参与清洁发展机制和联合履约机制项目；③建立了国家级的项目主管机构。其中参与清洁发展机制的发达国家除了满足上述三个条件之外，还受下列规定约束：一是《京都议定书》第三条规定获得批准的排放权配额；二是设有温室气体排放的国家体系；三是具备买卖减排量的计量系统。

3. 自愿型交易主体

除了上述两种交易主体之外，还包括自愿型交易主体。自愿型交易主体因不承担约束性减排任务而自愿通过参与交易的方式进行减排。这类主体具有自愿性、开放性和自治性等特点。自愿型交易主体主要分为五类：一是有减排任务的企业买家，例如大型能源、电力企业等；二是有政府参与的采购基金和托管基金；三是商业化运作的碳基金；四是银行类买家；五是其他类买家，包括个人、基金会等以缓和全球气候变暖为目的的非营利组织。

（二）森林碳汇权的客体

客体是权利和义务的指向对象。构成法律关系的客体，应当具备以下条件：第一，属于对主体的"有用之物"；第二，它必须是人类能够控制或部分

---

① 韩良：《国际温室气体排放权交易法律问题研究》，中国法制出版社，2009 年版，第 108 页。

控制的"为我之物";第三,它必须是独立于主体(在认识上可以与主体分离)的"自在之物"①。森林碳汇权的客体是什么? 如何确定其客体呢?

关于森林碳汇权的客体,学者们有不同的认识:邓海峰副教授提出"清洁发展机制权利客体"的理论构想②,但清洁发展机制中各类项目极有可能分属于不同的法律部门调整,这种认识并不合适;王跃先教授认为林业碳汇权的客体即为"碳汇",③但是双方交易主体达成交易后,为什么买方不将所谓的"碳汇"取走?

林旭霞教授认为林业碳汇权的客体是"碳减排量"④,但将单纯的"量"作为客体很难让人信服。本人认为,"环境容量"才是森林碳汇的真正客体:

(1)"环境容量"是属于森林碳汇交易主体追求的"有用之物"。全球气候变化使得人们寻找遏制这种威胁人类生存环境安全的方法,发现森林固碳的方式最为经济且有效。借助森林固碳的属性,通过设计法律制度,可以减少人类社会整体向大气排放二氧化碳等气体的数量,获得较大的环境容量,从而赢得更多的发展权。从逻辑顺序上,是"气候变暖→寻找遏制方法→发现森林固碳的方式→减少排放→获得环境容量→赢得发展权",是"环境容量"而非"碳减排"赢得碳汇交易主体对自身发展的吸引,才得以成为他们的"有用之物"。

(2)"环境容量"是可以被控制支配的"为我之物"。环境容量是"在一定的时间内人类生存和自然生态不致受害的前提下,某一环境所能容纳的污染物的最大负荷量"⑤。早在 20 世纪 80 年代,我国的自然科学研究人员便确定了环境容量的计算方法⑥。这种科学的确定方法为其成为权利的客体奠定了基础。虽然"物的独立性"是其被控制支配性的前提,但随着社会的发展,如果具有在交易观念和法律上可以被处分,仍然认为它可以被控制

---

① 张文显:《法哲学通论》,辽宁人民出版社,2009 年版,第 263 页。

② 邓海峰:《清洁发展机制权利客体初探》,http://academic.law.tsinghua.edu.cn/.

③ 王跃先:《中国林业碳汇交易法律制度的构建》,《安徽农业科学》2010 年第 5 期。

④ 林旭霞:《林业碳汇权利客体研究》,《中国法学》2013 年第 2 期。

⑤ 曲格平:《环境科学基础知识》,中国环境科学出版社,1984 年版,第 41 页。

⑥ 环境容量确定方法是:某一特定地域、特定环境要素对某种污染物质绝对容量=特定环境要素的体积×每立方米该污染物的极限密度;某一特定地域、特定环境要素对某种污染物质的可利用容量=特定环境要素的体积×(每立方米污染物的极限密度−每立方米环境要素自含污染物的平均密度)。水、大气污染物等环境要素均可以参考此公式确定环境容量。参见张永良等主编:《水环境容量综合手册》,清华大学出版社,1991 年版,第 145~146 页。

和支配。随着科学技术的进步，环境容量可以根据计算方法被支配控制并不是遥不可及。"森林碳汇"的固碳量也有生物量法、蓄积量法、涡旋相关法、模型模拟法等多种方法。通过这种计算方法，掌握森林碳汇固碳的数量，以获得更多的环境容量，赢得发展权。

（3）"环境容量"是独立于主体的"自在之物"。"环境容量"作为建立在科学认识之上、独立于人体之外，不以人的主观意识而独立存在，是"自在之物"，此为一种常识，不再赘述。

（三）森林碳汇权的具体内容

森林碳汇在交易上属于"其余法律未列举名称的无名合同"，交易主体享有的权利可以由交易者双方约定，具体规则可以参照买卖合同的有关规定。

第五节　森林景观权：多重价值的法律保障

森林是陆地最大的生态系统。从生态意义上讲，它是以乔木为主体的生物群落，是集中的乔木与其他植物、动物、微生物和土壤之间相互依存相互制约，并与环境相互影响形成的生态系统的总体。森林提供的价值是多重的：经济价值、生态价值与其他非经济价值。由于经济利益与人的生活密切相关性，它首先被纳入了法律调整的对象；生态价值中的"固碳"功能，与人类生存环境安全密切相关，也已经进入法律的视野；生态价值中还有与"固碳"相对应的"释氧""防风固沙""水土保持""涵养水源"等，以及它的消遣、审美、宗教和塑造性格等价值，由于各种原因没有纳入现行法律的调整范围之内。虽然没有纳入现行法律范围之内，但这些价值借助森林的色彩、形态、声音等自身属性，通过人的视觉、嗅觉等感触器官形成"景观"①，能够给人以"美"的体会。这些多重价值、"美"的体会，是一种客观存在，现在没有纳入也并不意味着将来不会纳入法律中去。因此，本书从理论上探讨这些价值能否纳入法律的调整范围之内，也是具有意义的。

---

① "景观"有两种含义：一是某地或者某种类型的自然景色；二是泛指可供观赏的景物。具体见中国社会科学院语言研究所词典编辑室编：《现代汉语词典》，商务印书馆，2002年版，第669页。

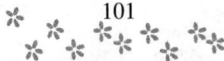

一、森林的多重价值

(一) 森林的生态价值

森林的生态价值是森林在一定的自然环境中生存和发展过程中,表现出的生理特性和生活习性。一般而言,森林的生态价值主要有固碳释氧、防风固沙、涵养水源、净化环境和保持生物的多样性等。随着科学技术的进步和人类认识的深化,它的生态价值还将不断地被发现。

(1)固碳释氧。根据科学测定,二氧化碳虽然是无毒气体,但是空气中的含量达到0.05%时,人的呼吸就会感到不适,达到4%时就会出现头痛、耳鸣、呕吐症状。树木的光合作用能吸收大量二氧化碳并释放出氧气。1公顷的阔叶林,一天可以吸收1吨二氧化碳,释放出0.73吨氧气,可供1000人呼吸;"城市里每个居民只要有10平方米的森林绿地面积,就可以全部吸收呼出的二氧化碳。但是由于城市工厂、车辆和生活等方面排出的二氧化碳量大,实际每人需要30~40平方米的森林绿地"[1]。

(2)调节气候。由于森林树冠的作用,白天森林内部受到的太阳辐射不同于林外的地带,外部空气不易传导到林内,温度相对较低;夜晚森林树冠又起到保温作用,温度相对较高。此外,就地表蒸发量而言,林内显著低于无林地。"在植物的生长期内,林内气温低、风速小、湿度大,土壤疏松,有利于植物生长期延长,整个微生态循环有利于生态小气候的形成。"[2]

(3)涵养水源。森林重要的功能之一就是承接雨水减少落地降雨量。雨水从上空降落时首先受到繁枝密叶的承接,使得一部分雨水沿着枝干流入地下,延缓雨水落地时间,使得地表径流变为地下径流。据测定,树冠截留的雨水占降雨量的15%~40%,5%~10%的雨量可被枯枝落叶层吸收;降雨的50%~80%可以渗入地下成为地下水。因此,林地比无林地每亩可以多蓄水20立方米。1万亩森林地的蓄水量相当于100万立方米容量的水库[3]。

(4)净化环境。森林生态系统的净化环境功能包括吸收污染物质、阻滞粉尘、杀灭病菌和降低噪声等。据测定,对二氧化硫,每一公顷阔叶林可以吸收88.65千克,柏类可以吸收411.60千克,杉类可以吸收117.60千克,松林可以吸收117.60千克[4];对尘埃,每一公顷松林每年可以吸附36.0吨,杉

---

① 丁建民、徐廷弼:《中国的森林》,商务印书馆,1997年版,第16页。
② 丁建民、徐廷弼:《中国的森林》,商务印书馆,1997年版,第13页。
③ 丁建民、徐廷弼:《中国的森林》,商务印书馆,1997年版,第10页。
④ 李金昌:《生态价值论》,重庆大学出版社,1999年版,第132页。

林可以吸附 30.0 吨,一个位于绿化良好地区的城镇,降尘量只有树木缺乏城镇的 1/9~1/8[①]。许多树木能分泌杀菌素,如松树分泌的杀菌素就能杀死白喉、痢疾、结核病的病原微生物。闹市区空气里的细菌含量,要比绿化地区多 85%[②]。

(5)实现生物多样性。森林分布面广,从海拔 200 米以下的平原到海拔 4000 米的高原,都有森林的分布。地球陆地植物的 90% 存于森林中;森林中的动植物种类和数量,也远远大于其他陆地生态系统。而且森林中的动植物种类越多,结构越多样化,发育得越充分,动植物的种类和数量就越多。森林地区的土壤中,也有着极为丰富的微生物。一平方米的表土中,有数百万个细菌和真菌,数千只线形虫。因此,森林不但是丰富的物种宝库,还是最大的能量和物质的贮存库。

(二)森林的其他非经济价值

森林的其他非经济价值是指森林所具有的,除了经济价值、生态价值之外的,还具有不直接体现经济内容的价值。森林是人类起源的摇篮,它是审美价值的重要内容、文艺创作的源泉、休闲消遣的场所、宗教信仰之地。大多数人喜欢森林、亲近森林,正是人的自然属性的集中体现,也是森林本身所具有的非经济价值。仅以它是审美价值的重要内容、文艺创作的源泉为例说明之。

(1)审美价值的重要内容。森林美学产生于 19 世纪末的德国[③]。由于生活的符号化、程序化和虚拟化,社会中越来越多的人希望回归自然,建立在生态平衡基础上的森林便成为首选。森林中的各种生物因素和环境因素按一定规律相联系,和谐地组合在一起,形成了森林美学。徜徉在森林之中,人可以欣赏森林的氛围美、动态美和意境美。在体验中,"人的森林审美可以达到三个层次:一是在对森林美的直观认识中获得感官上的享受;二是在美景中产生丰富的联想得到情感上的极大愉悦;三是人们的精神境界得到升华,在物我交融中形成对生命秩序和宇宙生命的体验"[④]。

(2)文艺创作的源泉。我国长期处于农耕文明阶段,对森林的认识和利

---

① 中国生物多样性国情研究报告编写组:《中国生物多样性国情研究报告》,中国环境科学出版社,1997 年版,第 87 页。

② 百度百科:http://baike.baidu.com/subview/14402/5065659.htm#6_2。

③ 苏祖荣、郑小贤:《森林美学的性质及与其他学科的关系》,《中国林业教育》2012 年第 1 期。

④ 包战雄:《森林生态美学及其对森林生态旅游的启示》,《林业经济问题》2007 年第 6 期。

用是我们祖先重要的生活内容,反映这些生活内容各类作品中涉及森林的更是层出不穷,有些作品更是名垂青史、彪炳古今。中国最早的诗歌总集——《诗经》中,提到的植物有100多种,例如《桃夭》①《伐檀》②《七月》③等;大诗人陶渊明在其居住地"有客赏我趣,每每顾林园"场所,产生了"采菊东南下,悠然见南山"的恬淡情怀,写出了著名的《桃花源记》;"诗佛"王维著《山居秋暝》④《鹿砦》⑤《鸟鸣涧》⑥等涉及森林的诗,开创了"诗中有画画中有诗"的高远意境。正是古人把握人与森林、人与自然的共性,身与物化、托物言志,大量的文艺作品得以创作、流传。

二、森林多重价值客体化的困境与出路

(一)生态价值与其他非经济价值客体化的困境

森林的生态价值与其他非经济价值确属客观存在,借助"客观存在→物化→客体化→进入法律制度设计"这一路径,只有少数生态价值能够纳入法律保护的范围之内,主要原因如下:

1. 困境之一——生态价值的"无体性"

传统物权法规范的主要是因"有体物"上权利的设定移转而发生的法律关系。有体物是相对于无体物而言的,它是指具有一定的物质形态,能够为人们感觉到的物,换句话说是有形的、可触觉的并可支配的⑦。生态价值与其他非经济价值的存在方式大多是气态(或者给人以某种体会),只有借助一定的仪器设备,才能进行有效的观察。这种"无体性"造成的直接后果就是被人们所忽视。即使借助仪器设备能够感知它的存在,更是由于它的不易保存性(例如植物通过光合作用释放的氧气,直接进入大气中;"防风固沙"也仅是在一定的地域范围内存在),这些特性很难找到一定的载体来表

---

① 《桃夭》部分内容为:"桃之夭夭,灼灼其华。之子于归,宜其室家。桃之夭夭,有蕡其实。之子于归,宜其家室。桃之夭夭,其叶蓁蓁。之子于归,宜其家人。"

② 《伐檀》部分内容为:"坎坎伐檀兮,置之河之干兮,河水清且涟猗。不稼不穑,胡取禾三百廛兮? 不狩不猎,胡瞻尔庭有县貆兮? 彼君子兮,不素餐兮。"

③ 《七月》部分内容为:"七月流火,八月萑苇。蚕月条桑,取彼斧斨,以伐远扬,猗彼女桑。"

④ 《山居秋暝》部分内容为:"空山新雨后,天气晚来秋。明月松间照,清泉石上流。"

⑤ 《鹿砦》内容为:"空山不见人,但闻人语响。返景入深林,复照青苔上。"

⑥ 《鸟鸣涧》内容为:"人闲桂花落,夜静春山空。月出惊山鸟,时鸣春涧中。"

⑦ [德]鲍尔·施迪尔纳:《德国物权法》,张双根译,法律出版社,2004年版,第67页。

现森林的"生态价值与其他非经济价值"，使得其在通往"客体"的道路上步履艰难。

2.困境之二——生态价值的"无法计量性"

从词义上来讲，"价值"包括两种含义："第一，体现在商品里的社会必要劳动。价值量的大小取决于生产这一商品所需要的社会必要劳动时间的多少。不经过人类劳动加工的东西，如空气，即使对人们有使用价值，也不具有价值；二是积极作用"①。很明显，"生态价值与其他非经济价值"中的"价值"是指第一种含义。按照这个定义，森林的"生态价值与其他非经济价值"的处境非常尴尬："防风固沙""水土保持""涵养水源"等，以及"消遣""审美""宗教"和"塑造性格"等所谓的"价值"中，大多数并不必然包含人们的"社会必要劳动"，而是属于森林自身所固有的属性，是森林维持自我生存的一种必要方式；或者借助森林的色彩、形态、声音，通过人的视觉、听觉甚至嗅觉器官给人的一种感受：或喜或悲、或哭或笑、或苦或乐等，无法通过"社会必要劳动时间"的长短来决定其"价值"的大小。我们常说"生态价值与其他非经济价值"或者"感受""感情"是"无价的"，其中之一就是因为它们没有包含"社会必要劳动时间"，无法进行计量。"无法计量"最直接的后果就是造成它的不可分割性，"不可分割性"便意味着既不能进行事实上的处分，也不能进行法律拟制上的处分，从而无法满足构成客体的要件之一——具有独立性。

3.困境之三——生态价值的"不易支配性"

成为权利客体的要件之一是可控制性、可支配性。只有客体是"可控制""可支配"，才能"为我所用"，或者通过一定的交易方式"为他人所用"，并产生一定的利益。在现有的技术条件下，森林的大部分生态价值与其他非经济价值非人力之所及，无法对"防风固沙""水土保持""涵养水源"等进行掌握，使原本属于森林自身属性按照人的意志自由活动；"消遣""审美""宗教"和"塑造性格"等更是与人的性格有直接的关系，与人的感情密不可分，进行控制和引导无疑是天方夜谭。无法进行"支配""控制"，便意味着该"客体"的使用价值不能(至少不能充分)得到体现。

(二)森林多重价值客体化的出路

除了部分生态价值通过"物化"，成为权利客体并以此为路径进入法律制度的构建之外，相当多的生态价值与其他非经济价值虽然需要保护，但囿于法律理念、制度设计的局限，仍然游离于法律保护之外。如何借助法律手

① 中国社会科学院语言研究所词典编辑室编：《现代汉语词典》，商务印书馆，2002年版，第610页。

段保护这些对人来说不可或缺的价值呢?

"内在价值"——人与森林应当尊重、保护森林。如上所述,森林具有诸多的"价值",这些"价值"是"专门为人类提供的",还是"其本身所具有的""内在的"? 环境伦理学学者认为,包括森林在内的自然生态系统不但具有之于人类的"工具性价值",还具有之于自己的"内在价值"。它的"内在价值"是客观的,不以人的主观评价而独立存在,不能还原为人的主管偏好。同样具有内在价值而作为主体的人,负有维护和促进具有内在价值的生态系统的完整和稳定的义务。"人们应当保护价值——生命、创造性、生物共同体——不管它们出现在什么地方。"①

"环境人格利益"——森林的生态价值与其他非经济价值从环境伦理到法律的载体。民事人格权制度建立的基本路径是"人格—人格利益—人格权",从而将人作为主体存在必备的要素和条件——人格利益作为权利的标的,用法律机制予以保护②。它是一种发展性、开放性的权利。现有的法律制度机制只是对人在社会中的主体性特征、资格做了规定,忽视了人与自然之间关系中的对主体特征、资格的概括与诠释。森林本身提供的生态价值与其他非经济价值,为人类提供了安全、健康和可以生活的环境,即在适宜的自然环境中生活构成了人之所以为人的特征、资格,是"人格"的应有之义。在此意义上来说,森林景观权是维护环境人格利益完整的必要内容。

三、森林景观权的主体、客体与内容

森林景观权是自然人对森林景观享有的参观、欣赏的权利。森林提供的生态价值(例如固碳释氧、消灭细菌、净化环境等)和其他非经济价值(例如消遣价值、审美价值)不仅得到环境伦理的重视,而且正日益受到大众的推崇。除了森林法对森林的这些价值进行公法上的保护之外,将自然景观中与私人关系密切的部分利益,由私法予以保护是可行的。具体而言,森林景观权制度的内容包括:

(一)权利主体

森林景观权的主体是自然人。可以分为两类:一是森林的所有者,即森林景观的提供者。所有者可以对特定范围的森林所特有的生态景观价值、生态环境功能进行经营,以吸引其他主体到景观所在地参观游览。二是愿

---

① [美]霍尔姆斯·罗尔斯顿:《环境伦理学》,杨通进译,中国社会科学出版社,2000年版,第313页。

② 吕忠梅:《沟通与协调之途——论公民环境权的民法保护》,中国人民大学出版社,2005年版,第241页。

意到森林景观所在地参观游览的自然人。

在现实中，法学上的"森林"与生态学意义上的"森林"并不一致：法学上的"森林"仅指"乔木林和竹林①"，生态学上的森林是"在一定空间范围内，植物、动物、真菌、微生物群落与其非生命环境，通过能量流动和物质循环而形成的相互作用、相互依存的动态复合体"②。可见生态学上的"森林"包含的范围远远大于法律意义上的"森林"。人们参观游览、行使森林景观权，其对象肯定是生态学上的"森林"。在这个意义上的"森林景观"的场所之内，如何处理原居民和所有者之间的关系？本人认为：森林生态价值与其他非经济价值构成的景观，已经成为原居民环境人格利益的组成部分。即使所有权人对森林景观进行经营，也应当向这些原居民无偿予以提供③。

(二)权利客体

森林景观权保护的是自然人参观、欣赏森林景观并从中获得享受的利益，是林权的生态价值与其他非经济价值的集中体现，更是维护自然人的人格完整的必备要素。森林景观所在地的原居民，森林景观本来就是他们生活的组成部分。其他人为了维护自己人格必要的完整性，也可以到森林通过与经营者订立旅游服务合同，利用这些价值。

(三)权利的内容

森林景观权的内容包括三个方面的内容：第一，森林景观参观权。森林景观是大自然赐予人类的宝贵礼物，是维护人的环境人格利益的重要组成部分，任何人都有游览观光的权利。第二，停止侵害请求权。对于破坏森林、减损其生态价值与其他非经济价值的行为，除了侵犯森林所有权人的经济利益之外，也侵犯了景观所在地居民的环境人格利益，他们有权利请求停止侵害并排除妨碍，这也是私权利优于公权力之所在。第三，补偿请求权。森林景观的破坏一般难以恢复，对于已经造成景观损害的，除了森林景观所有权人有权提起侵权之诉外，景观所在地居民也有权请求赔偿环境人格利

---

① 《中华人民共和国森林法实施条例》第二条第二款规定：森林，包括乔木林和竹林。

② 生态学名词审定委员会：《生态学名词》，科学出版社，2007年版，第71页。

③ 金海统副教授将"林业权"的内部构造为"自然性"林业权和"人为性"林业权："自然性"林业权是法律上的人为了满足人的"自然需求"——生存而对森林资源进行合理利用的权利，向原居民无偿提供森林景观则属于典型的"自然性"林业权；"人为性"林业权则是法律上的人为了满足人的"人为需求"——发展而对森林资源进行合理利用的权利，到森林景观所在地进行参观游览，则是典型的"人为性"林业权。详见金海统：《资源权论》，法律出版社，2010年版，第167~168页。

益的损失。

对森林景观的保护,目前我国主要通过《森林法》《自然保护区条例》等公法的规定,简单直接明确当事人禁止性义务,实施效果并不尽如人意。将其归为林权的子权利,确认林权人甚至包括原居民具有的森林景观权,用民法的手段予以调整,可以有效促进其参与环境保护的积极性,具有理论意义和实践价值。其实这点已经在日本开始了有益尝试,并取得了较好的效果①。

本章小结

本章旨在论证"林权"中的"林"内涵丰富,种类多样。作为资源性物,"林"的内涵包括森林、林木和林地等诸多因子。它们不但具有经济价值,而且还具有生态价值与其他非经济价值,内涵的多样性和价值的多重性决定了林权并非单一性权利,而是权利束、权利的集合。随着时间的推移,林权的内容也会随着丰富。本书仅论述林木所有权、林地承包经营权、森林碳汇权和森林景观权,这些权利的客体都集中于"林",体现"林"的经济价值、生态价值与其他非经济价值。

考察林权产生的历史和学者们对林权的概念诸多论述,可以发现学者们不是对林权经济利益的归属、利用和交易存在分歧,而是对如何运用法律去规范它的生态价值与其他非经济价值产生了异议。因此阐述诸子权利时,都应结合民法、行政法的理念,纳入林权包含的生态价值与其他非经济价值:林木所有权人在行使所有权时,应当受到公共利益的限制;林地承包经营人在行使承包经营权时,应当注意林地的合理利用;森林碳汇权是生态价值法律化的实例,森林具有的生态价值直接关系人的生存环境安全;森林景观权属于新型的权利,森林的生态价值、审美价值、文化价值等非经济价值与人的生活质量息息相关。

可以对林木所有权、林地承包经营权、森林碳汇权和森林景观权进行理论上的探讨,仍需要法律设计具体的制度规范当事人的权利义务,这也是本书第四章要探讨的内容。

---

① 张挺、解永照:《论景观利益之私法保护》,《南都学坛(人文社会科学学报)》2012 年第 4 期。

第四章

林权立法构造的制度设计：从权利到利用

第三章主要探讨了林权的体系以及林权的子权利中如何将生态价值与其他非经济价值纳入法律的保护范围之内。将林权所包含的多重价值纳入法律的范围的保护内需要具体的制度予以规定，这是本章阐述的主要内容。在阐述这些制度时，本书的重点不是从民法学的角度对林权经济价值的归属、交易和利用进行制度设计，而是从环境法学的角度，论述如何规范经济价值与生态价值和其他非经济价值沟通的制度。

第一节　林木所有权管制征收制度

林木属于典型的资源性物，具有经济价值、生态价值与其他非经济价值等多重价值。民法、物权法等对林木经济价值的归属、利用和交易进行了规定，但是由于生态价值与其他非经济价值暂无法纳入"物"的范畴，仅借助私法手段的运用，无法实现人类环境安全——这一公共利益的保护；但公法手段的运用存在着物质基础、运行方式和动力来源等问题，过于僵硬、死板和直接，亦不能从根本上解决公共利益的保护，必须有两种手段的综合运用：私法领域内的"公共利益"是针对所有权绝对性的弊端而产生的，仅凭所有权人的意思自治无法实现"公共利益"的保护，必须借助公法手段的运用；公法领域内的"公共利益"是为了防止公权力的滥用而界定的，依靠公权力主体自我约束也不能实现公共利益的保护，必须有私法的手段的制约。

"西方法治国家是一个私法公法化的过程，而我国则相反，是公权力逐渐把所有权相关的其他权利——使用权、收益权等用益物权都要由其他主

体来行使,实际上还是一个放权的过程。"①因此,从公法的角度对林木所有权进行限制被认为具有天然的正当性。但是公法固有的弊端使得保护人类生存环境安全——这一公共利益代价巨大,必须借助私法手段的运用。本节将以管制征收理论为基础,阐述如何借助私法领域内的手段维护公共利益。

一、管制征收

(一)管制征收的含义

我国宪法规定,公民的合法私有财产受法律保护,因为公共利益对私有财产征收或者征用时应当予以补偿②。通过这条规定,我们可以看到对财产权的保护分为两层:对财产权全面保护,征收或者征用时补偿(即"依法剥夺")。从"保护"到"依法剥夺",可以称之为宪法财产权条款的"二层结构"。

德国《基本法》对财产权的保护采取了与"二层结构"不同的方式。《基本法》第十四条规定,财产权及继承权应当予以保障,其内容与限制由法律规定之。财产权负有义务。财产权之行使应当同时有益于公共利益。财产之征收,必须为公共利益始得为之。其执行必须根据法律始得为之,此项法律应当规定赔偿性质与范围。赔偿决定应当衡量公共利益与关系人之利益。赔偿范围如有争执,得向普通法院提起诉讼。从这条规定来看,德国对财产权的保护是分为三层:对财产权全面保护、对财产权限制和对财产权的"依法剥夺"。这种方式可以称之为宪法财产权条款的"三层结构"。

财产权保护的"二层结构"描绘了对财产保护的两种绝对状态:合法财产予以保护,合法财产被征收或者征用时应当予以补偿。是否存在所有权仍属于公民,但是由于特殊原因被限制的状态呢? 答案是肯定的。在私人利益——公民的合法财产与公共利益——国家运用公权力征收之间存在着过渡地带,绝非一种截然相反的"保护""依法剥夺"两种状态,还存在着基于公共利益对个人合法财产的限制状态。这种限制状态被称之为"管制性征收"(regulatory levy)。"管制性征收"是美国判例法上的一个重要概念③,德国、日本和韩国等国家也承认管制性征收的存在。

---

① 汪劲:《环境法律的解释:问题与方法》,人民法院出版社,2006 年版,第 111 页。

② 《宪法》第十三条规定,公民的合法的私有财产不受侵犯。国家依照法律规定保护公民的私有财产权和继承权。国家为了公共利益的需要,可以依照法律规定对公民的私有财产实行征收或者征用并给予补偿。

③ Black's Law Dictionary, 7th edition, West Group 1999, p1287.

管制性征收是指国家因公共利益对财产权行使予以过度限制，致使财产所有人无法享有所有权而应当给予补偿的制度。管制性征收不同于一般意义上的征收：首先，管制性征收是国家对财产权的过度限制，而后者则是国家对私人合法财产所有权的剥夺；其次，管制性征收是财产所有权人基于财产被限制而向国家申请补偿，而征收则是国家依照法律规定主动向财产所有人给予的补偿；最后，在管制性征收中政府是否负有补偿义务，需要结合具体情况分析，当事人可以向法院提起诉讼，而后者若正式启动后，政府必须给予补偿①。

（二）管制征收的内容

关于管制性征收（regulatory levy），行政法学界对此研究的并不是很多②。最主要是因为我国现行法律中并没有明确承认该制度，但是在实践中确实存在③。一般而言，管制性征收的内容，主要包括下列制度：

1. 管制性征收的实质要件

管制性征收不同于一般意义上的征收，一般意义上的征收是指基于公共利益；虽然管制性征收也是基于公共利益，但是区别最大的是它并不对征收对象的财产所有权的依法剥夺，而是对财产所有权"过度限制"致使其所有权人不能正常行使所有权权能。"过度限制"的判定是一个理论上的难题。"过度限制"不同于"合理限制"，即单纯的无补偿限制，也就是我们常说的所有权的社会化，它是"出于维护社会正义的目的，财产权应当做自我限缩。在个人张扬其财产自由的同时，应使其财产亦有助于社会公共福祉的

---

① 房绍坤、王洪平：《从美、德法上的征收类型看我国的征收立法选择》，《清华法学》2010 年第 4 期。

② 关于"regulatory takings"，有"管制性征收""管理性征收""准征收"和"反向征收"等多种称谓，房绍坤教授著《公益征收法研究》（中国人民大学出版社，2011 年版，第 22 页~58 页）对"regulatory takings"做了较为系统的阐述，还有胡建淼教授《美国管理性征收中公共利益标准的最新发展》（载《环境法律评论》2008 年第 6 期）、肖泽晟教授《财产权的社会义务与征收的界限》（载《公法研究》2011 年第 1 期）、台湾谢哲胜教授《准征收之研究——以美国法之研究为中心》[中国人民大学出版社，2008 年《财产法研究》（二），第 157~158 页]等也做了阐述。

③ 现举例若干：杨某于 1989 年持有双管猎枪一支并办理了各项手续。1996 年 10 月 1 日《枪支管理法》实施，公安局审查后认为杨某不具备继续持有猎枪的资格并予以收缴。杨某不服提起行政诉讼，法院判决收缴猎枪行为合法（详见《一支藏枪引出法律空白》，《经济日报》2003 年 11 月 13 日）。还有"机动车强制报废""机动车尾号限行"等，都可以与"regulatory takings"，即"管制性征收"有一定的关系。

实现,也就是能够促进合乎人类尊严的人类整体生存的实现"①。而"过度限制"则与宪法上的平等原则联系起来,国家为了公共利益而使少数、个别人的财产所有权受到限制。"过度限制"的判定,有"财产剥夺论""多因素平衡论""实质侵占论""妨害控制论""特别牺牲论"等多种②,但以"特别牺牲论"影响最大。"特别牺牲论"认为:国家对财产的干预,不论是剥夺还是限制,只要所有权人的牺牲程度与他人所受限制相比较显失公平且无期待可能性,国家应当予以补偿;如果没有达到特别牺牲的程度,则属于单纯的所有权的社会义务,国家不予补偿③;当所有权人遭受特殊影响和不公平对待时,国家基于"利益均沾则负担均担"的原则,就必须由国家动用公帑对"特别牺牲者"予以补偿④。

2. 管制性征收的程序

法律意义上的"程序"是指按照一定顺序、方式和步骤做出法律决定的过程。它能够通过"促进意见疏通、加强理性思考、扩大选择范围、排除外部干扰"等功能来保证法律解决问题的正确性,管制性征收程序也不例外。

值得注意的是,管制性征收程序不同于一般的征收程序,国家并没有正式启动征收程序"依法剥夺"当事人的财产所有权,而是做出管制性行为(regulatory behavior)对私有财产"过度限制",事实上造成所有权人不能实现其权能,因而向政府请求给予补偿。所以从这个意义上来说,管制性征收程序的启动是由财产所有人发起的⑤。一般而言,应当包括如下步骤:

第一,政府实施了管制性征收行为。管制性征收行为是政府行政主管部门做出的对特定的公民、法人和其他组织的有关其权利义务的单方行为,限制了公民财产权的实现。

第二,公民认为政府行政主管部门的具体行政行为侵犯了自己的财产,请求给予补偿。

第三,政府行政主管部门根据财产所有权人申请,按照一定的标准予以补偿。若政府认为不应予以补偿而财产所有权人不服的,可以向法院提起诉讼,由法院按照有关程序判定是否应当予以补偿。

---

① 张翔:《财产权的社会义务》,《中国社会科学》2012 年第 9 期。

② 房绍坤:《公益征收法研究》,中国人民大学出版社,2011 年版,第 34~40 页。

③ 李建良:《行政法上损失补偿制度之基本体系》,《东吴大学法律学报》,1999 年第 2 期。

④ [德]哈特穆尔·毛雷尔:《行政法学总论》,高家伟译,法律出版社,2011 年版,第 668 页。

⑤ 由于管制性征收的诉讼程序是财产所有人"自下而上"发起的,区别于征收程序的"自上而下"发起,因此在这个意义上还被称为"反向征收"(inverse takings)。

3.管制性征收的补偿

在现代行政法上,"征收即应当予以补偿"已经成为共识。在民主法治国家中,人人生而平等,任何人的合法财产都应受到法律保护,只要因公共利益自己承受不公平社会负担,牺牲自己利益,都有正当理由要求政府行政主管部门给予适当补偿。管制性征收补偿主要包括下列内容:

第一,补偿主体。补偿主体包括义务主体和权利主体。补偿义务主体是恒定的,它是做出管制性征收的具体行政行为的政府行政主管部门;权利主体是因管制性征收受到损失的财产所有权人[①]。

第二,补偿标准。征收补偿标准是按照完全补偿、足额补偿的原则进行的[②]。管制性征收是政府行政主管部门对当事人的财产所有权进行的限制,限制的财产暂时没有实际损失或者损失很小,如何确定补偿标准呢? 本人认为需要根据具体情况做具体分析。如果完全按照财产实际价值进行补偿,管制性征收则完全演变成了征收,因此本人认为,可以以被管制财产市场价值为基准,辅以其他标准,给予财产所有权人合理、适当补偿。待管制情形结束之后所有权人得以优先行使财产使用权之权能。

第三,补偿范围。在征收制度中,通过补偿范围的确定,使得权利人的权利恢复至如同未征收之前的状况。在管制性征收中,财产处于被管制状态没有损失或者损失较小,但是可能导致基于该财产可期待利益的损失,可期待利益即这种间接损失是否予以赔偿,甚至精神等非财产损失是否赔偿,这些都需要立法者予以考虑。

二、现行法律对林木所有权的限制构成管制征收

(一)现行法律规定对林木所有权限制的目的是保护"公共利益"

"长期以来,我国的森林消耗量大于生长量,木材供需矛盾十分尖锐,同时森林资源的减少,致使生态环境恶化。""如果不对个人所有林木的采伐纳入森林采伐限额内进行管理,将会造成严重的水土流失,影响生态环境。"[③]

---

① 王太高:《行政补偿制度研究》,北京大学出版社,2004年版,第205页。

② 《物权法》第四十二条规定:征收集体所有的土地,应当依法足额支付土地补偿费、安置补助费、地上附着物和青苗的补偿费等费用,安排被征地农民的社会保障费用,保障被征地农民的生活,维护被征地农民的合法权益。征收单位、个人的房屋及其他不动产,应当依法给予拆迁补偿,维护被征收人的合法权益;征收个人住宅的,还应当保障被征收人的居住条件。

③ 邬福肇、曹康泰:《中华人民共和国森林法释义》,法律出版社,1998年版,第77页。

因此,现行《森林法》专门设置"第五章 森林采伐"规定对林木所有权进行限制。从立法者起草的原意来看,限制林木所有权的立法的目的,毋庸置疑是为了人类生存环境安全——这一公共利益的实现。

(二)现行法律规定对林木所有权的限制属于"过度限制"

1. 现行法律规定中对林木所有权的"限制"

现行法律规定对林木所有权的限制是非常多的:因被视为民法上的"不动产",从林木"产生"之日起,就应当办理林权证①;等林木成熟之后需要采伐时,必须办理采伐许可证②;采伐完需要运输时,必须办理木材运输许可证③;运至加工地时,经营加工单位必须持有经营加工许可证④。

因此,从林木产生到林木被加工成林产品,除种植林木应当向林业行政主管部门办理林权证之外,至少还有三次行政许可申请(采伐许可申请、木材运输许可申请和经营加工申请许可),才能完全实现林木所有权的全部权能。

2. 现行法律规定对林木所有权的限制属于"过度"

对"所有权绝对"到"所有权负有社会义务",反映了从传统社会向现代社会转变过程中个人生存状态的转变,即:"从'基于私人所有权的个人生存'到'基于社会关联性的个人生存'的转变。"⑤我们从不否认所有权应当负有社会义务,应当从法律的角度进行限制,但是"负有义务""进行限制"必须有一定的"度""必须合理"。

如何掌握"度""合理"的标准呢? 本人认为,就是应当考虑该法律规定的"负有义务""限制"等规定是否符合该部门法的基本原则。如果该项符合基本的法律原则,就是"有度""合理",反之则是"过度""不合理"。让我们分析现行的法律规定:第一,基于公共利益有必要对林木所有权进行限制。林木是典型的资源性物,既具有经济价值又具有生态价值与其他非经济价值,按照"所有权绝对原则",如果放任所有权人行使处分权能,人类生存环

---

① 《森林法》第三条规定:国家所有的和集体所有的森林、林木和林地,个人所有的林木和使用的林地,由县级以上地方人民政府登记造册,发放证书,确认所有权或者使用权。

② 《森林法》第三十二条规定:采伐林木必须申请采伐许可证,按许可证的规定进行采伐。

③ 《森林法》第三十七条规定:从林区运出木材,必须持有林业主管部门发给的运输证件,国家统一调拨的木材除外。

④ 《森林法实施条例》第三十四条规定:在林区经营(含加工)木材,必须经县级以上人民政府林业主管部门批准。

⑤ 张翔:《财产权的社会义务》,《中国社会科学》2012 年第 3 期。

境安全——这一公共利益有可能遭受损害，而事实已经证明这一点，有必要对所有权进行限制。第二，现行法律对林木所有权限制的规定与法律原则不符，属于"过度""不合理"。按照主体的不同，林木可以分为国有林、集体林和私有林。如果法律规定国有林承担人类生存环境安全——这一公共利益具有天然合理性的话，集体林、私有林则有商榷之处：在某些地域，集体或者公民个人的首位需要就是林木的经济价值的追求，或者说林木的经济价值即为他们的个人所有财产。在法律没有对生态价值与其他非经济价值确认保护的情况下，强制规定一切林木所有人在行使所有权时必须考虑林木的生态价值与其他非经济价值，是不合适的；从法学的角度上讲，片面强调公共利益保护是不恰当的。更为重要的是，行政法上设置"公共利益"的目的，不在于"限制私人所有权"而在于"限制行政对于私有财产的恣意入侵"，动辄办理采伐申请、运输申请甚至经营加工许可，违背了行政法上"法律保留"原则；另外，从经济学的角度分析，集体林、私有林所有者，他们的目的仍是经济价值的实现，生态价值与其他非经济价值只不过是这类产品溢出的"正外部效应"，因此，对于生产此类"产品"的行为应当是鼓励的、保护的，而不是可罚的、限制的。

（三）个人行使本人林木所有权遵守现行法律规定属于"特别牺牲"

"特别牺牲论"是德国联邦最高法院于1952年判决中提出的一项区分原则，该理论提出：如果法律只是一般性地规定个人的某种财产在某种情况下应该承担义务，则这种概括性规定是一律针对所有相关财产的，所以只是一种社会义务，而非个案性的征收。但若是少数人为了公共利益而做出牺牲，出于"利益均沾则负担均担"的原则，就必须由国家动用公帑对"特别牺牲者"予以补偿[①]。

公民个人采伐自己林木所有权，按照现行法律规定仍要办理采伐许可证，如果没有办理，不但面临行政处罚的危险，而且还有可能面临滥伐林木罪、盗伐林木罪等刑事责任的追究，这种惩罚是相当严厉的。本人认为，首先，采伐自己林木没有办理采伐许可证承担行政处罚不符合行政合理性原则。行政合理性原则要求行政机关做出的行政行为的动因应符合行政目的，应建立在正当考虑的基础上，要有正当的动机，内容应合乎情理。虽然为了公共利益应当申请行政许可，但是公共利益和个人利益发生冲突想当然保护公共利益，需要有充分理由和合理的标准，否则违反合理性原则。其

---

① 张翔：《财产权的社会义务》，《中国社会科学》2012年第3期。另外，房绍坤著《公益征收法研究》（中国人民大学出版社，2011年版，第39页）也有论述，转引自李建良：《行政法上损失补偿制度之基本体系》，《东吴大学学报》1999年第2期。

次,采伐自己林木没有办理采伐许可证承担刑事责任不符合刑法谦抑性原则。立法机关只有在该规范确属必不可少——没有可以代替刑罚的其他适当方法存在的条件下,才能将某种违反法秩序的行为设定成犯罪行为。它是为了限制国家刑罚权的滥用,尽量控制刑法介入社会生活的领域的深度和广度。例如故意毁坏财物罪、盗窃罪,它的侵犯对象只能是公共财产或者他人财产,故意毁坏或者盗窃自己财产的一般不构成犯罪。但盗伐、滥伐自己所有的林木完全可以定罪并量刑,明显不符合刑法的谦抑性原则。尤其是采伐自己所有林木并得不到批准的,完全是因为这种管制性征收保护公共利益,而致使个人利益根本得不到表达,《石光银的选择》就很好地阐述了这一事实①。

三、管制征收的制度设计

(一)重新划分林种

现行《森林法》按照培育、保护和利用森林的主导目的②,将林木分为薪炭林、用材林、经济林、防护林和特种用途林。这种划分方式并不能体现法律对林木经济价值、生态价值与其他非经济价值的追求,对现在意义不大。在进行制度设计时,应当根据法律对森林不同价值的追求,划分为公益林和商品林。公益林追求林木的生态价值与其他非经济价值,实施严格的采伐、运输和经营加工制度;商品林主要体现林木的经济价值,放松甚至取消对林木采伐、运输和经营加工的行政许可申请,运用市场手段,由经济规律决定其价值的高低,可以使得所有权人利益的最大化。公益林与商品林并不是截然分开的,而是处于一种动态的平衡状态:如果一个地区生态环境近期逐渐恶化,可以采取征收或者管制性征收的手段,将商品林转化为公益林;同样,一个地区生态环境良好且相对平衡,可以有选择性地采伐或者更新部分成熟公益林。

(二)按照林种的不同确定限制手段的不同

林种的不同决定了法律在限制林木所有权上亦有所不同。第一,商品

---

① 中央电视台第一套节目 2002 年 8 月 10 日 21:15 播出了一期节目《石光银的选择》,讲述了陕西定边农民石光银贷款 200 万元在沙漠边缘种植林木。经过若干年的发展,这里绿树成荫,被估价 4000 余万元。但是由于林木被划成防护林,石光银根本无法申请采伐这些林木,只能靠国家微薄的补助偿还银行贷款,他也被称为守着"绿色银行"的"负翁"。

② 邬福肇、曹康泰:《中华人民共和国森林法释义》,法律出版社,1998 年版,第 10页。

林：在登记方面，商品林可以采取非强制性登记，这样不但利于林业主管部门宏观把握本地区林木蓄积量、分布状况等生态价值和其他非经济价值的具体指标，也是林木所有权的外观标志和对森林法的继承；在林木采伐上，商品林实行采伐备案制度。商品林的主要目的即追求其经济价值，尤其是对公民个人私有林木，过分限制构成管制性征收，不利于所有权实现，但是如果没有任何限制不利于公共利益的保护，可以采取备案制度，只要所有权人提出采伐申请，林业行政主管部门都予以批准并登记，便于掌握本地域的森林覆盖情况，维护该地域的环境安全。

(三)管制性征收个人所有林木的补偿

不可否认，现实中存在有一定数量的个人所有林木：因为维护一个地区环境安全的需要，虽然没有对该林木征收，但是由于已达该年份森林采伐最高限额或者被划为公益林的，应当给予补偿。补偿的标准可以按照林木经济价值的大小，给予一定数量的补偿，待法定情形消失后，在所有权行使上具有优先权。

第二节　林地用途管制制度

我国林地面积广阔，不但是广大林区人们生活来源和重要保障，也是国土安全和可持续发展的基本要素和核心资源。林地不仅能够为所有权人、使用权人带来经济利益，而且还提供环境、国土安全，属于典型的公共产品。这不仅要求私法手段的运用，更需要公法手段的实施。对林地的使用、交易等进行管制，是森林法修改的主要内容。

一、林地用途管制的概念

"管制"一词，《现代汉语词典》解释有三种含义：①强制管理；②强制性管理；③对犯罪或坏分子施行强制管束①。显然，本书用"管制"一词绝非第三种含义，而是"强制管理"或者"强制性管理"的含义。

词典上的含义虽然不是该词在法律上的概念和内涵，但是从词源上解释了"管制"应当具备的本质属性。从法律上来说，布莱克法律词典认为"管

---

① 中国社科院语言研究所词典编辑室编：《现代汉语词典》，商务印书馆 2002 年增补本，第 466 页。

制"(control 或者 pat under surveillance),是指某种规则或者限制所支配的控制性行为或者过程;或者由行政机关、地方政府颁布的具有法律效力的规则、命令①;从法学的角度来看,管制是"政府或者其他社会机构,依据社会公共政策和一般或者特殊的法律规范,通过法规、规章和命令的组合性实施对市场主体的利益决策和利益行为进行控制或者激励的过程②。"

基于以上对"管制"概念的解释,本人认为它应当包括以下内容:第一,"管制"是政府、授权或者委托的机构对个人权利主体所进行的干预和限制;第二,管制与法制直接相连,管制必须依据法律、法规的规定才能执行。

二、林地用途管制的正当性分析

(一)"市场失灵论":林地用途管制的外在动力

从经济学的角度来讲,产品可以分为两大类:私人产品和公共产品。经济学家萨缪尔森在其《公共支出纯理论》一文中指出:"集体消费产品(collective consumer goods)是指这样一种产品,每个人对这种产品的消费都不会导致其他人对该产品消费的减少。"③虽然对公共产品的概念没有明确的统一定义,但是对于公共产品的特征有基本的共识:受益的非排他性和消费的非竞争性;就林地而言,本人认为它是经济学意义上的公用产品之一。

根据目前法律规定,林地所有权虽然只能属于国家或者集体所有,但是就使用权而言,只要是农村集体经济组织成员,都可以取得林地承包经营权,即在使用权取得上并不具备完全的排他性;虽然林地承包经营权后取得的经济利益是私人的,但是林地提供的维护国土生态安全等价值却是任何人都可以享用的,在消费上也具有非竞争性。正是由于受益的非排他性、消费的非竞争性,市场从微观入手,参与者——市场主体通过私人维护自身权益的积极性,不能解决林地提供产品的生产和有效利用问题。只能借助外部手段——政府的管制,使公共产品的外部性通过一定的成本表达出来。因此,由于林地属于公共产品导致的"市场失灵",客观上需要政府对林地进行管制,遏制林地遭到公众使用而不需要付出成本的不利局面。

林地是国家重要的自然资源和战略资源,是森林赖以生存与发展的根

---

① Black's law dictionary, West Publishing Corporation (abridged six edition), 1991, p890–891.

② 周林军:《美国公用事业管制法律制度改革及对我国的启迪》,西南政法大学2003年博士论文,第29页。

③ Samuelson, P. A. The pure theory of public expenditures[J]. The Review of Economics and Statistics 1954(36).

基,在保障木材及林产品供给、维护国土生态安全中具有核心地位,在应对全球气候变化中具有特殊地位。

(二)公共利益需求:管制的内在源泉

就"公共利益"而言,它的独特之处在于"不确定性",即表现在利益内容的不确定性及受益对象的不确定性,至今学理上还没有对"公共利益"一词做出明确定义。但是对它的特征,学者们还是进行了论述:利益的广泛性、范围的不确定性、层次的复杂性,等等。公共利益中——安全、公平和秩序等,涉及社会中的每一个主体,关系每一个主体的切身利益,属于公共利益的主要内容。

从法学的角度来讲,受物权社会化影响,出现了对物的新的分类方式:从对物的资源属性的角度出发,将物分为经济形态的物和生态性物[①]。林地则是生态性物:促进国土绿化和森林资源持续增长、提高木材及林产品供给能力等,上述特性与人类通过能量流动、物质循环和信息传递,共同构成共生共荣的生态系统,维护着整个社会的环境安全,满足着当代人和后代人、不同地域的人对生态价值与其他非经济价值的需求,实现安全、公平的价值需求。但是,从纯粹的民法确立的"私权神圣""意思自治"原则等,无法解决公共利益中"安全""公平"需求,只得借助公法的协助完成这一目的。"这也是民法学者在理论上不断探求自由与管制的合理界限,试图重新定位私法自治和自由价值在民法中的地位。正是在这一背景下,国家通过强制性规范这一衔接公法与私法的'管道',不断加入到民法中来。"[②]正是无法用私法手段满足公众对林地提供公共利益的需要,只能通过公法手段——赋予国家机关林地管理的职能、规定林地用途、交易等管制手段,实现公共利益。

仅仅运用私法手段,无法解决林地作为公共产品导致的"市场失灵""公共利益的有效保护",只能寻求其他手段、通过公法手段的运用——政府管制实现林地的保护。

三、林地用途管制的制度设计

林地是森林——这一既提供经济价值又提供生态价值与其他非经济价值的物的载体。"林地"这一民法上的"物",是否具有价值、具有多大价值,主要体现在两种价值:一是林地的使用价值,即从林地的归属、利用等角度

---

① 吕忠梅:《沟通与协调之途——公民环境权的民法保护》,中国人民大学出版社,2005年版,第165页。

② 钟瑞栋:《民法中的强制性规范——公法与私法"接轨"的规范配置问题》,法律出版社,2009年版,第136页。

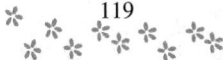

对主体的效用。现行物权法、森林法等对此作了规定,也是本书第四章第三节阐述的内容。二是从林地的交换价值,即林地对所有权主体之外的人的价值多少。这种价值需要拿到市场上、由市场主体根据价值规律发现林地承包经营权的价值。这本是由合同法这一任意法,交易的内容如当事人的确定、交易的形式、程序等,由交易主体通过他们之间的意思自治进行,国家不得强行干预。但是,土地(当然包括林地)这一资源性物自身的特殊性质,决定了土地(当然包括林地)承包经营——当事人在行使权利时,不得不面对国家的强行干预。"物权法强行性特点不但集中表现在物权类型、物权的公示方法,而且还表现在不动产权利的行使方面也实行了越来越多的国家干预。"①

《物权法》《农村土地承包法》等法律对林地承包经营权交易的称呼,遵循民间约定俗成的称谓——"流转"。对林地承包经营权交易的管制,主要是体现在林地承包经营权流转②规制的制度之上。

(一)林地承包经营权流转主体的管制

林地承包经营权的初始取得,第四章第三节已有论述,这里不再赘述。在这里主要讨论的是林地承包经营权在初始取得以后,国家对初始取得人将已经取得的承包经营权转移给其他主体的管制。根据林地承包经营权取得方式的不同,本书分别从家庭承包经营、以其他方式取得经营权的管制进行论述。

1. 对家庭承包方式取得林地承包经营权主体的管制

(1)对流转主体的管制。对于家庭承包方式取得林地承包经营权的初始取得人欲流转其林地承包经营权的,如果采取转包、出租、互换或者其他方式,法律没有规定予以管制。仅列举了一种方式——"转让",法律予以特别的明确:承包方"有稳定的非农职业或者有稳定的收入来源",并"经发包

① 王利明:《物权法立法的若干问题探讨》,《政法论坛》2001 年第 4 期。
② "流转"并非严格意义的法律术语。从词意上来讲,《现代汉语词典》这样解释为三种含义:①流动转移,不固定在一个地方;②指商品或者资金在流通过程中的周转;③〈书〉指诗文等流畅而圆浑。显然,法律上的"流转"借助的是其第二种含义。但是,词意上的"流转"显然包括"买卖"这一形式,但是物权法、农村土地承包法显然排斥土地承包经营权的"买卖",可见法律上的"流转"并不同于词意上的"流转"。另外,法律上的"流转"的实质不是"所有权的转移"而是"使用权的转移",尤其是在土地承包经营权上,流转的是"承包经营权"而不是"所有权"。国内学者在论述涉及林地承包经营权"流转"时,大多直接采用"林权流转"一词。由于林权是权利束,包括林木所有权、林地所有权、林地使用权等权利,而"流转"仅是"使用权"的转移,因此本人认为,笼统地称为"林权流转"是不合适的。

方同意"，才可以进行林地承包经营权转让①。本人认为，"经发包方同意"从法理上可以解释，但"有稳定的非农职业或者有稳定的收入来源"则缺乏依据，详见下文论述。

（2）对受让者的管制。对于受让者而言，现有法律仅规定一点予以管制②，即不得改变土地所有权的性质和土地的农业用途、须有农业经营能力。

2.对以其他方式取得林地承包经营权主体的管制

为了鼓励参与荒山、荒沟、荒丘、荒滩（简称"四荒"）林地的承包经营，对于以其他方式取得林地承包经营权的主体初始取得人，法律没有规定。即对于此类林地国家是抱着完全开放态度，欢迎各类主体参与林业的生产经营。因此其流转主体也没有任何限制性条件；以其他方式取得林地承包经营权的受让者，法律没有做特殊的规定，同样适用"不得改变土地所有权的性质和土地的农业用途、须有农业经营能力"的规定。

3.现行法律规定及其评述

具体而言，《农村土地承包法》第三十三条、四十一条对林地承包经营权流转主体做了规定，对流转主体的管制，具体可见表4-1所示：

表4-1　林地承包经营权流转主体的管制

取得方式		对初始取得主体的管制	对受让者的管制
家庭承包方式	采用转让方式的	"有稳定的非农职业或者有稳定的收入来源"，并"经发包方同意"	不得改变土地所有权的性质和土地的农业用途、须有农业经营能力
	采用其他方式的	无管制	
其他方式		无管制	

通过上表我们可以看到，不论以何种方式取得林地承包经营权，对于流转主体，原则上法律是没有任何管制的，只有采取"转让"方式的，才予以管制，设置条件；而对于受让者的管制，不论以何种取得的林地承包经营权，仅

————
①《农村土地承包法》第四十一条规定：承包方有稳定的非农职业或者有稳定的收入来源的，经发包方同意，可以将全部或者部分土地承包经营权转让给其他从事农业生产经营的农户，由该农户同发包方确立新的承包关系，原承包方与发包方在该土地上的承包关系即行终止。
②《农村土地承包法》第三十三条规定：土地承包经营权流转遵循五个原则，其中两项是不得改变土地所有权的性质和土地的农业用途、须有农业经营能力，仅

有一个条件:"不得改变土地所有权的性质和土地的农业用途、须有农业经营能力。"就对流转主体管制的条件而言,本人认为:

(1)对流转主体放松管制符合法理要求。我国用益物权的构建是建立在土地只能属于国家或者集体所有的基础之上的。在这一现实情况下,土地所有权的买卖在目前法律建构下几乎是不可能的。但是,市场经济的发展规律又需要土地资源进入市场,通过市场流转实现资源的最优配置。这就要求通过用益物权将人们对土地的权利固定化、长期化,真正成为能够进入市场流通的权利。"在公有制条件下,普通的民事主体是非所有权人,他们要想获得所有权,就需要在他人所有的物上设置他物权,确切地说就是用益物权,以此为基础,通过物权的交换和自己的创造使所有权客体扩大,并与所有权人进行再分配,对产生的利益享有所有权。"①《物权法》已经将土地承包经营权作为用益物权的主要内容之一,土地承包经营主体不但具有占有、使用和收益权能,而且还能够行使一定的处分权能,已经成为"类所有权"的权利,并能够抵抗国家、集体对土地承包经营权的不法入侵,已成为一种长期、稳定的权利,具备了流转的外部性条件。

作为私法领域内典型的物权法,以意思自治、平等保护等为原则,对于物权予以平等保护。《物权法》《农村土地承包法》《森林法》等法律确认林地承包经营权归属,保护林地承包经营权人的合法权益——这是从静态上保护林地承包经营权的。

(2)现行法律对流转主体管制的条件不易认定。对于以家庭承包方式林地承包经营权的初始取得主体,如果采用"转让"方式进行流转,主体应当"有稳定的非农职业或者有稳定的收入来源"且"经发包方同意"。就"转让"的概念而言,采取该方式极易使转让方丧失部分或者全部丧失林地承包经营权,法律采取了审慎的态度:"有稳定的非农职业或者有稳定的收入来源"且"经发包方同意"。但是上述限制条件不易认定:①"稳定的非农职业"是否"稳定"不易判断。"稳定"本身即为价值判断,何谓"稳定"?《现代汉语词典》解释为"稳固安定",但是在目前的市场经济条件下很难判断"稳固安定"非农职业,从而成为用来阻碍承包地转让的借口。②初始取得人即承包人采取"转让"方式流转其土地承包经营权,相当一部分人的目的,即为获得一定的经济利益并以此为基础取得一定的职业。③"稳定的收入来源"

① 杨振山、王萍:《我国应制定以用益为中心的物权法》,《河南省政法管理干部学院学报》2001年第3期。

不易查证。一般而言，"土地承包经营权转让属于物权性的土地承包经营权流转"①，它当然应当以双方有合理信赖为基础，初始取得人即承包人如何证明自己的"收入来源稳定"？如何让"发包方""受让人"确信自己的"收入来源稳定"？如果达成转让协议后，初始取得人即承包人是因为经济上的窘迫等原因被迫转让，如何认定该效力？等等，一列问题都需要展开研究。④土地承包经营权流转方式多样，在理论上对这些形式的研究并不充分，相当多的形式仅处于探讨阶段，当事人完全可以借助其他形式规避这条规定。

林地承包经营权采取"转让"方式是否应当征得"发包方同意"呢？本人认为：这种管制具有一定的合理性②。第一，物权不同于债权，一经设定事实上就独立于据以设立的所有权而独立存在，其转让不同于债权转让和债务转移。但是从性质上来说，"转让"属于物权性的土地承包经营权流转，也是仅属于"物权性"的转让，并不是完全物权性质的转让（规定的如何完美，用益物权也无法替代所有权），完全按照所有权转移理论，"转让"方式的流转岂不是成了所有权的买卖？两者一定有所区别，这种区别即为"征得发包人同意"，但是也绝不能按照债权转让的方式进行管制、设置规则。第二，《农村土地承包法》第三十四条规定，土地承包经营权流转的主体是承包方，已经强调承包方有权依法自主决定土地承包经营权是否流转和流转的方式。征得"发包人同意"的目的是对承包人"有稳定的非农职业或者有稳定的收入来源"和"受让方的农业生产能力"进行考察，以避免受让人的违约损害集体经济组织的利益。从法理上来说，用益物权人在行使权利时，应当尊重所有权人的利益。况且，起草者在解释时也强调"发包人应当尊重承包人的流转意愿，并不得以此为借口阻碍承包人依法转让其土地承包经营权"③。因此，作为土地所有权人——国家或者集体，避免利益受到损失而设置"征得发包人同意"的规定，具有一定的合理性。

对于受让主体的管制，《农村土地承包法》规定：不论以何种方式取得的林地承包经营权，若发生流转，受让方不得改变土地所有权的性质和土地的农业用途、并具备农业经营能力。为什么要做出这种规定予以管制呢？"不得改变土地所有权性质和用途"是基于"土地承包经营权的流转对象是承包方依法享有的土地承包经营权，不是土地所有权，因此不得改变所有权权属

---

① 丁关良：《土地承包经营权流转法律制度研究》，中国人民大学出版社，2011年版，第356页。

② 学者们对此认识并不统一，有的认为应当征得"发包人同意"，有人认为从纯粹物权法理论的角度出发，征得"发包人同意"并不妥当（具体见尹飞：《物权法·用益物权》中国法制出版社，2005年版，第330页。）

③ 王宗非：《农村土地承包法释义与适用》，人民法院出版社，2002年版，第108页。

关系,不得损害土地所有者的权益"①;"受让方须有农业经营能力"是基于"土地是农民生活来源,企业和城镇居民到农村租赁和经营农户的承包地,隐患很多,甚至可能造成土地兼并,使农民成为新的雇农或者无业者,危害社会稳定"。本人认为:目前状态下,以家庭承包方式初始取得的耕地、林地、草地等农业用地,无疑是农民赖以生存的生命线,在农村社会保障尚未完全建立的条件下,耕地、林地和草地等农业用地仍是农民最后的保障,如果没有任何管制、废除这条规定,受让人没有任何限制地随意改变土地用途,势必造成耕地、林地和草地减少,进而危及粮食安全、生态安全和国土安全,因此完全解除管制并不可行;对于以其他方式初始取得的林地承包经营权,由于其地理位置特殊,也不是农民赖以生活的保障,可以考虑在环境保护的前提下,解除这种管制。

(二)林地承包经营权流转方式的管制

市场经济中的土地,已经被物化为一种资源和生产要素,在市场主体中合理流转并实现资源的优化配置,绝非有形之手——政府所能控制,林地也不例外。如前文所述,土地所有权不能够买卖,只有以土地所有权为基础的承包经营权——这种用益物权能够顺畅地流转,才能有效地配置资源。土地承包经营权流转也经历若干个历史阶段:法律和政策都不允许阶段(1978—1983年)、政策初步开放与法律不允许阶段(1984—1987年)、法律开禁与规范阶段(1988—2002年)和法律为主规范流转阶段(2003年以来)②。从以上历史阶段来看,作为用益物权之一的土地承包经营权进行流转是必然趋势,需要研究的是如何对流转进行规范的问题,本部分只讨论国家对林地承包经营权的管制。

1. 现阶段林地承包经营权流转的主要方式

在《物权法》《农村土地承包法》没有出台之前,学者们认为土地承包经营权流转的方式是多种多样的,但在上述两部法律颁布之后,国家结合各地的实践经验,确认了流转的基本方式:转包、出租、互换、转让③、代耕④、入

---

① 王宗非:《农村土地承包法释义与适用》,人民法院出版社,2002年版,第90页。

② 丁关良:《土地承包经营权流转法律制度研究》,中国人民大学出版社,2011年版,第40~45页。

③ 《农村土地承包法》第三十七条规定:土地承包经营权采取转包、出租、互换、转让或者其他方式流转,当事人双方应当签订书面合同。

④ 《农村土地承包法》第三十八条规定:承包方将土地交由他人代耕不超过一年的,可以不签订书面合同。

股①或者其他方式(值得注意的是,两部法律规定的方式并不一致,《物权法》没有列举"出租")。对于以其他方式取得土地承包经营权的,除了上述方式之外,还包括抵押②。

2. 国家对现阶段流转方式的管制

本人认为,就林地承包经营权流转方式而言,国家的管制政策可以总结为:禁止买卖、限制抵押和鼓励创新。

第一,禁止买卖。就土地承包经营权流转方式而言,法律、政策都禁止采取买卖的方式。概而言之,国家的意图非常明显:在农村社会保障体系尚未完全建立的情况下,土地(当然包括林地)仍是相当多的农民生活主要来源,如果允许自由买卖,可能会造成土地兼并危及社会稳定。即使是物权性质的"转让"方式,国家也表明了审慎的态度:对承包方的限制、发包方同意和转让方从事农业生产经营等条件。

第二,限制抵押。从性质上来说,抵押属于物权性质的土地承包经营权让渡性流转,如果抵押人没有按期履行债务,即使这种抵押是权利抵押而非实物抵押,仍可能发生物权性质的土地承包经营权让渡性质的流转,因此,国家对不同类型的土地承包经营权做了规定:以家庭承包方式取得的土地承包经营权,法律是禁止抵押的③。对于以其他方式取得的土地承包经营权,不论是《物权法》《农村土地承包法》还是《担保法》,可以以抵押的方式流转。由于林地属于农村土地的组成部分,以上规定当然适用于林地。值得注意的是,国家政策——《中共中央国务院关于全面推进集体林权改革的意见》中提出:"在不改变林地用途的前提下,林地承包经营权人可依法对拥有的林地承包经营权和林木所有权进行转包、出租、转让、入股、抵押或者作为出资、合作条件,对其承包的林地、林木可依法开发利用。"在现实中,以林

---

① 《农村土地承包法》第四十二条规定:承包方之间为发展农业经济,可以自愿联合将土地承包经营权入股,从事农业合作生产。

② 值得注意的是,国家法律层面并没有明确上述方式的概念,部门规章《农村土地承包经营权流转管理办法》(农业部 2005 年颁布)第三十五条对转让、转包、互换、入股和出租等方式的概念做了规定,但是对林地、草地等其他农业用地的规范意义不大。学者们对上述方式的概念、性质认识也不一致。

③ 《担保法》第三十七条规定:耕地、宅基地、自留地、自留山等集体所有的土地使用权不得抵押。《最高人民法院关于审理涉及农村土地承包纠纷案件适用法律问题的解释》第十五条规定:承包方以其土地承包经营权进行抵押或者抵偿债务的,应当认定为无效。对此造成的损失,当事人有过错的,应当承担相应的民事责任。

地承包经营权抵押贷款数额也在不断增加①。此时,法律和政策发生了冲突,冲突源于林业投资大、周期长、发展慢,国家希望吸引外部资金投资林业,但是应当看到:如果没有完成相关法律修改,政策就突破规定鼓励林地承包经营权抵押,可能将会使抵押权人、抵押人甚至抵押物面临一定的风险。

第三,鼓励创新。事实证明"以家庭承包为基础,统分结合的双层经营体制是农村经济的基本制度,"极大地解放了农业生产力,发展了农村经济,是一项适合我国国情的基本制度。土地承包到户后,土地碎片化经营可以满足温饱要求,但是不能实现"仓廪实"愿望;并且土地资源的优化配置必然要求土地承包经营权的流转,实现规模化、集团化经营,正是在这个流转过程中,农民自身"发明"了各项流转方式:不但包括现行法律承认的转让、转包、互换、代耕、入股等方式,而且还包括互易、反租倒包、反包等30多种模式②。本人认为,众多的流转方式,源于农民们自我需要的"发明",试图从法律的角度分析众多方式的概念、性质,模式化地强调流转方、受让方的权利义务,并不利于农民利益的表达,国家应当做好引导工作,尊重当事人之间的约定和当地习惯,鼓励土地承包经营权的流转。只有当这种方式违反了法律的强制性规定时,国家再扮演管制者的角色。

(三)林地承包经营权流转程序的管制

程序是事情进行的先后次序。对于林地承包经营权流转程序的管制,主要体现在期限、内部成员同意和登记等几个方面:

1.期限的管制

物权法、农村土地承包法对林地的流转期限有明确的规定,林地一般为30～70年,经国务院批准可以延长,流转期限不得超过承包剩余期限③。

---

① 国家林业局林改司司长张蕾表示,我国农民抵押林地贷款面积为2188万亩,抵押贷款金额为260亿元。据称,林权抵押贷款规模、抵押林地面积仍相对较小,后续发展潜力巨大。中国广播网:http://zgxczs.cnr.cn/snzx/201211/t20121124_511402719.shtml。

② 丁关良:《土地承包经营权流转法律制度研究》,中国人民大学出版社,2011年版,第315页。此外,本人认为,正是由于这些源于农民田间地头的"发明",也是导致"宅"在书斋中的学者们对上述流转方式概念、性质争论的原因。其实,农民们很少考虑这些方式的概念、性质是什么,只要能够满足自己的实际需要,他们就流转给对方。

③ 《物权法》第一百二十六条规定:耕地的承包期为30年。草地的承包期为30年至50年。林地的承包期为30年至70年;特殊林木的林地承包期,经国务院林业行政主管部门批准可以延长。第一百二十八条规定:土地承包经营权人依照农村土地承包法的规定,有权将土地承包经营权采取转包、互换、转让等方式流转。流转的期限不得超过承包期的剩余期限。《农村土地承包法》第三十三条规定:土地承包经营权流转的期限不得超过承包期的剩余期限。

2. 发包人的同意

以家庭承包方式取得林地承包经营权，从性质上来说属于典型的用益物权。遵照用益物权基本理论，权利人可以行使占有、使用、收益和一定的处分权能。如果意欲流转的，不需要征得其他集体经济组织成员的同意。受让人应当注意合理行使权利，避免给集体经济组织成员造成侵害。流转时是否需要征得所有权人——国家或者集体同意呢？一种意见是需要征得同意：用益物权人毕竟不是所有权人，它再"类所有权"也不是"所有权"，因此流转时应当征得"所有权人同意"；另外一种意见是无须征求国家或者集体的意见：《农村土地承包法》本来就是按照物权模式构建土地承包经营权的，征得其同意即为债权，有悖于法理。在"是否征得发包人同意"的规定上，现行法律规定则是典型的骑墙主义。根据流转方式的不同，采用不同的要求："如果采取转包、出租、互换、转让或者其他方式流转，当事人双方应当签订书面合同，报发包方备案即可；而采取转让方式流转的，应当经发包方同意。"①这说明了国家对土地承包经营权流转采取审慎的态度。

以其他方式取得林地承包经营权的，从性质上来说属于债权。这种方式取得的林地承包经营权如何流转呢？《农村土地承包法》第四十九条已经做出了明确规定②。丁关良教授认为，经"依法登记后，承包方才取得土地承包经营权的物权属性"，并认为"只有物权属性的土地承包经营权才能依法流转，否则无效"③。这种观点是值得商榷的。很明显，以其他方式取得的和以家庭承包方式取得的土地承包经营权性质并不相同（一个属于债权，一个属于物权）。"若经登记，则该权利具有了法定的公示方式。《农村土地承包法》第四十九条已经赋予依法登记取得土地承包经营权证等证书的其他方式承包的土地承包经营权以相应的物权效力。"④经登记后具备了物权效力的林地承包经营权，无须征得集体经济组织的同意，可以直接流转。"在'四荒'之上成立的土地承包经营权，若未依法登记取得土地承包经营权证书，

---

① 《农村土地承包法》第三十七条规定：土地承包经营权采取转包、出租、互换、转让或者其他方式流转，当事人双方应当签订书面合同。采取转让方式流转的，应当经发包方同意；采取转包、出租、互换或者其他方式流转的，应当报发包方备案。

② 《农村土地承包法》第四十九条规定：通过招标、拍卖、公开协商等方式承包农村土地，经依法登记取得土地承包经营权证或者林权证等证书的，其土地承包经营权可以依法采取转让、出租、入股、抵押或者其他方式流转。

③ 丁关良：《土地承包经营权流转法律制度研究》，中国人民大学出版社，2011年版，第55页。

④ 黄松有主编：《最高人民法院农村土地承包纠纷案件司法解释理解与适用》，人民法院出版社，2005年版，第25页。

应作为债权性质的土地承包经营权,实行债权保护。"①从《最高人民法院关于审理涉及农村土地承包纠纷案件适用法律问题的解释》第二十一条规定来看②,"流转无效"的前提不但有"未依法登记",还有"发包方的请求确认",但是这与"只有物权性质的土地承包经营权才能依法流转"并没有因果关系。换言之,如无"发包方的请求确认",依然是可以流转的,只不过对它的保护不是按照物权保护而是按照债权原则保护而已。

3. 登记

登记是指登记机构根据登记申请人的申请,对于物权的设立、变更、转让和消灭等事项,记载于登记簿之中并能够供不特定的第三人查阅的活动。完备的登记制度不仅是保障财产交易有序化的重要措施,而且也是整套物权法律制度赖以存在的基础。在广大农村,土地是农民重要的生活来源和保障,多年的实践业已证明按照物权模式构建土地承包经营权是成功的。国家通过对土地承包经营权的设立、变更等进行登记——这一管制,对于稳定土地承包关系、保障流转安全,发挥了重要的作用。

(1)设立登记。对于林地承包经营权的取得,我国立法采取的是合同生效主义,即承包人和发包人订立承包经营合同生效时成立③。这主要是考虑到我国广大农村地区仍是熟人社会,其交易习惯不是到有关部门办理登记手续而是依照约定,因此排除登记为生效要件,而是自合同生效时设立。同时为了进一步确认和保护承包人的合法权益,法律规定,对已经设立的林地承包经营权,及时发放林权证、草原使用权证等。

(2)变更登记。对于林地承包经营权的变更,我国立法采取的是登记对抗主义④。即土地承包经营权的变动依当事人的意思表示而产生法律效力,交易完成,权利即发生转移,当事人可以登记也可以不登记。不登记的,权利不得对抗善意的第三人。采用对抗登记主义理由如下:第一,我国的农村

---

① 胡宏伟:《对土地承包经营权的解析与讨论》,《农村经济》2006 年第 10 期。

② 该条规定:承包方未依法登记取得土地承包经营权证等证书,即以转让、出租、入股、抵押等方式流转土地承包经营权,发包方请求确认该流转无效的,应予支持。但非因承包方原因未登记取得土地承包经营权证等证书的除外。

③ 《物权法》第一百二十七条规定:土地承包经营权自土地承包经营权合同生效时设立。县级以上地方人民政府应当向土地承包经营权人发放土地承包经营权证、林权证、草原使用权证,并登记造册,确认土地承包经营权。

④ 《物权法》第一百二十九条规定:土地承包经营权人将土地承包经营权互换、转让,当事人要求登记的,应当向县级以上地方人民政府申请土地承包经营权变更登记;未经登记,不得对抗善意第三人。《农村土地承包法》第三十八条规定:土地承包经营权采取互换、转让方式流转,当事人要求登记的,应当向县级以上地方人民政府申请登记。未经登记,不得对抗善意第三人。

土地承包经营登记制度尚不健全，且需要登记的数量大、地块分散，要求完全登记并不现实；第二，流转的主体大多仍局限在相互熟悉的农民，"熟人社会"让登记的公示公信效力大打折扣；第三，采用登记生效主义，可能会发生登记费用，不但给农民增加了麻烦，还会增加负担。

第三节　森林碳汇交易制度

森林碳汇是森林植物吸收大气中的二氧化碳并将其固定在植物体及土壤之中，从而减少二氧化碳在大气中浓度的过程。通过第三章第四节论述，"森林碳汇"可以成为民法、物权法上的"物"，"森林碳汇权"的客体是"环境容量"，国际法律和文件已经对森林碳汇进行制度设计并有大量成功交易案例存在。本节的主要内容是对我国的森林碳汇交易制度的构建展开探讨。

一、我国森林碳汇交易现状

《联合国气候变化框架公约》和《京都议定书》都确认了森林碳汇的功能并对碳汇交易做了规定。作为上述国际法文件的缔约国之一，中国虽然暂无强制性限制，但是在2009年哥本哈根世界气候大会前夕，中国政府宣布："到2020年我国单位国内生产总值二氧化碳排放比2005年下降40%～45%，作为约束性指标纳入国民经济和社会发展中长期规划，并制定相应的国内统计、监测、考核办法。"[1]

就森林碳汇而言，通过植树造林和加强森林管理，我国的森林面积比2005年增加4000万公顷，森林蓄积量比2005年增加13亿立方米。涉及我国的清洁发展机制（CDM）碳交易额2009年约占国际CDM市场一半以上[2]。如果从我国加入1992年里约热内卢《联合国气候变化框架公约》（United Nations Framework Convention on Climate Change，简称UNFCCC）开始起计算，森林碳汇交易取得如下成果：

（一）成立森林碳汇交易相应机构

根据《京都议定书》规定，我国暂被划为发展中国家而未成为国际配额

---

[1]　中华人民共和国中央人民政府网站：http://www. gov. cn/ldhd/2009 - 11/26/content_1474016. htm。

[2]　张宁：《中国碳市场建设初探》，中央编译出版社，2013年版，第4页。

市场的交易主体,而是属于项目市场的交易主体。不论属于何种交易主体,两类交易市场都需要成立相应的国家级项目主管机构或者有适当的国家级评估、登记系统。为了和国际法律文件相接轨,我国的国家发展改革委员会内设机构——应对气候变化司,负责承担国家履约联合国气候变化框架公约相关工作、会同有关方面牵头组织参加气候变化国际谈判、协调开展应对气候变化国际合作和能力建设、组织实施清洁发展机制工作[1];为了加强对清洁发展机制下的造林、再造林碳汇项目的统一管理,早在2003年12月,国家林业局就成立了碳汇管理办公室(设在国家林业局植树造林司),负责全国森林碳汇项目的日常管理、指导和协调全国森林碳汇项目的实施,组织制定林业碳汇项目的国家规则、管理办法、技术标准和相关政策[2];2010年7月,在中国石油天然气集团公司、嘉汉林业投资公司等企业的倡导下,在国家林业局、国家发改委、环境保护部等政府部门的积极支持下,国家批准设立了中国绿色碳汇基金会。它是在全球气候变化背景下诞生的中国第一家以应对气候变化、增加碳汇、帮助企业自愿减排为目标的全国性公募基金会。

(二)颁布森林碳汇交易法律与规范性文件

2005年国家发展改革委员会、财政部、外交部和科技部颁布了《清洁发展机制项目运行管理办法》(下称《办法》),并于2011年进行了修改。该《办法》规定了我国清洁发展机制的管理体制、申请和实施该机制的具体程序等内容。对于森林碳汇清洁发展机制项目,国家收取温室气体减排量转让交易额的2%。就森林碳汇交易具体规则而言,国家林业局出台了规范性文件予以规范:《关于开展清洁发展机制下造林再造林碳汇项目的指导意见》《国家林业局关于开展林业碳汇工作若干指导意见的通知》《关于加强林业应对气候变化及碳汇管理工作的通知》《关于印发中国绿色碳基金碳汇项目相关管理办法的通知》等。上述规章、规范性文件为森林碳汇在我国的初步开展提供了法律依据。

(三)建立碳汇交易市场

为了搭建碳交易的市场平台,我国很多地方挂牌成立了环境交易所(有的称为"排放权交易所""碳交易所""节能减排项目交易中心"等,名称并不统一),其中北京环境交易所、上海环境能源交易所、天津排放权交易所已具

---

① 国家发展改革委员会网站:http://qhs.ndrc.gov.cn/ldzc/default.htm。

② 国家林业局网站:http://www.forestry.gov.cn/portal/main/govfile/13/govfile_1256.html。

雏形。

（1）北京环境交易所。北京环境交易所成立于 2008 年 8 月 5 日，是国内首家专业服务于环境权益交易的市场平台。该所除了达成国内首单自愿碳减排交易之外，还联合法国 Blue Next 交易所在哥本哈根气候峰会正式发布了中国自愿碳减排标准——熊猫标准 V1.0 版①。

（2）上海环境能源交易所。上海环境能源交易所也是成立于 2008 年 8 月 5 日。它是上海市人民政府批准设立的服务全国、面向世界的国际化综合性的环境能源权益交易市场平台，主要从事组织节能减排、环境保护与能源领域中的各类技术产权、减排权益、环境保护和节能及能源利用权益等综合性交易以及履行政府批准的环境能源领域的其他交易项目和各类权益交易鉴证等②。

（3）天津排放权交易所。天津排放权交易所成立于 2008 年 9 月 25 日，它由中油资产管理公司、天津产权交易中心和芝加哥气候交易所三方共同出资设立，是全国首家综合性环境权益交易机构，是一个利用市场化手段和金融创新方式促进节能减排的国际化交易平台。该所 2009 年 11 月 17 日完成我国首笔基于规范碳足迹盘查的碳中和交易，还启动国内企业温室气体自愿减排服务平台③。

除上述交易场所之外，深圳、武汉、昆明、杭州以及山西、河北等地也设置了交易平台。据不完全统计，中国目前正在筹建的碳交易所已有 100 多家④。

（四）开展森林碳汇交易实践

在《京都议定书》规定的清洁发展机制（CDM）中确立了 11 种类型，其中造林、再造林涉及森林碳汇的交易。在森林碳汇交易的实践中，国家林业局碳汇管理办公室在广西壮族自治区、内蒙古自治区、云南省、四川省、山西省和辽宁省 6 省（区）启动了林业碳汇试点项目。其中广西壮族自治区和内蒙古自治区是严格意义上的清洁发展机制森林碳汇项目：

（1）广西碳汇项目。广西碳汇项目是全球首例成功注册的清洁发展机制再造林碳汇项目，中方项目实施主体为广西苍梧县康源林场、富源林场、环江县绿环林业开发有限公司、兴环林业开发有限公司和 18 个农户小组、12

---

① 北京环境交易所网站：http://www.cbeex.com.cn/。

② 上海环境资源交易所网站：http://www.cneeex.com/gywm/jgjs/382592.shtml。

③ 上海排放权交易所网站：http://www.chinatcx.com.cn/tcxweb/pages/gywm/wm_exchange_resume.jsp。

④ 高洪艳：《无米下锅，碳交易市场难成炊》，《中国贸易报》2011 年 12 月 15 日。

个农户等①。该项目自 2005 年—2009 年为第一期,2009 年至今为第二期,一、二期林业碳汇项目营造 18 万亩林木,项目建成后可生产规格材 175 万立方米,薪材 20 万吨,松脂 3 万吨,可吸收固定二氧化碳 218 万吨,按世界银行生物碳基金购买的碳价格 4.35 美元/吨计算,项目可以获得 950 万美元的碳汇收入,大幅度地提高了项目区农民的收入,促进当地经济的发展②。

(2)内蒙古碳汇项目。内蒙古碳汇项目是国家林业局与意大利环境与国土资源部根据清洁发展机制再造林碳汇项目签订的项目,它是全球第六个获得正式批准的清洁发展机制再造林碳汇项目。该项目于 2004 年开始项目准备,具体由内蒙古自治区赤峰市敖汉旗林业局实施。涉及双林、治沙、小河子、木头营子等 9 个国有林场,截至 2006 年 1 月完成 4.5 万亩造林任务。经估算,2012 年项目产生的经核实的二氧化碳减排量为 24 万吨。

森林碳汇虽然取得了一定的成果,但面临的尴尬绝对不小:森林碳汇仅是国家应对气候变化中的清洁发展机制项目类型之一,其主管部门的话语权在国家体系内作用有限;对森林碳汇交易的规定局限在政策范围之内,没有法律(包括森林法)对其做出规定,缺乏权威性和约束性;由于森林碳交易成本高、信息不对称、碳交易风险大,碳汇市场上的森林碳汇项目数量、数额有限。上述缺憾都需要森林碳汇主管部门反思。

二、国际碳汇交易市场对我国森林碳汇制度的启示

根据碳汇交易机制的不同,碳汇市场可以分为强制性配额市场和自愿性市场。前者以欧盟碳排放交易体系为代表,后者以芝加哥气候交易所为代表。本人对这两个市场进行分析、比较,以期对构建我国的森林碳汇交易制度提供借鉴。

(一)欧盟排放权交易体系

《京都议定书》对于温室气体排放采取的"共同但有区别的责任原则",有力地推动了全球各国在面对全球气候变暖挑战时采取的共同行动。但是 2001 年 3 月美国宣布拒绝批准该议定书,使得国际社会对合作方式对付气候变化的方式产生怀疑。此时欧盟主动承担领导责任,并于 2003 年 10 月欧洲议会通过"关于建立温室气体排放许可交易机制的指令(2003/87/EC)③",建立起世界上首个国际性的温室气体排放许可交易机制体系。

①　李怒云:《中国林业碳汇》,中国林业出版社,2007 年版,第 127 页。

②　国家林业局网站:http://www. forestry. gov. cn/portal/main/s/102/content - 242899. html。

③　该指令曾于 2004、2008、2009 年进行了修订。

欧盟排放权交易体系(European Union Emission Trading System, 简称EU ETS)内容主要包括：

第一，统一的立法。以2003/87/EC为基础，经过2004、2008和2009三次修改的欧盟指令，是排放交易体系得以存在的基础。"2003/87/EC"规定了该机制适用于大型耗能行业的二氧化碳排放、成员国排放配额分配计划、排放配额的具体交易程序事项；2004年对指令的修改，将《京都议定书》规定的清洁发展机制和联合履约机制纳入欧盟温室气体排放交易机制中，形成统一的市场；2008年修改则是将航空业纳入排放交易体系；2009年修改主要是明确各国排放配额拍卖的比例。

第二，分阶段实施。为了获取碳排放交易经验，保证整个体系的可控性，欧盟排放权交易机制分为三个阶段实施：

(1)启动阶段(2005年1月1日—2007年12月31日)，在此阶段仅将二氧化碳纳入交易体系，确定欧盟的总量排放限额，各成员国将减排指标分解到需要减排的行业和企业。

(2)履行《京都议定书》承诺阶段(2008年1月1日—2012年12月31日)，在此阶段EU ETS地域不仅包括所有的27个欧盟成员国，还扩大到了挪威、列支敦士登和瑞士；航空业被纳入排放交易机制。

(3)成熟阶段(2013年1月1日—2020年)采用线性减排的方式。承诺将排放总量以每年1.74%的速度降低，实现2020年前的碳排放总量在1990年的水平上减少20%。

第三，有效运作模式。欧盟排放权交易体系主要采取"总量控制及交易模式(cap-and-trade)"。即一定的区域内在污染物排放总量不超过允许排放量或者逐年降低的前提下，内部各排放源之间通过货币交换的方式互相调剂排放量，实现减少排放量、保护环境的目的。在此指导下，欧盟各国根据欧盟委员会颁布的规则，为本国设置排放量的上限(即cap)，确定纳入排放交易体系的产业和企业，并向这些企业分配一定数量的欧洲排放单位(European Union Allowance, 简称EUA)。如果企业实际排放量小于分配到的排放量，那么它可以将剩余额拿到市场上出售。在第一阶段，企业每超额1吨EUA，将被处罚40欧元；在第二阶段提高至100欧元。

迄今为止，欧盟碳排放权交易机制是由发达国家设立的排放交易体系中最大也最为成功的一个。该机制运行后，2005年EU ETS交易量为3.21亿吨二氧化碳当量，成交金额达到79亿美元；2008年，交易量达到30.93亿吨二氧化碳当量，成交金额迅猛增长到919亿美元。在国际碳排放市场的份额中，EU ETS在2008年占全球碳交易量的70%。在2005年至2008年这最初的四年时间内，交易量和金额超过10倍地增长。而到2011年，交易量则

达到 1175 亿美元,交易金额占到全球碳市场的 84%①。

(二)美国芝加哥气候交易所

就排放权交易制度而言,其实是"源于美国环境保护局的二氧化硫减少排放控制计划"②。早在 2001 年 3 月,美国小布什政府便宣布退出《京都议定书》,但是各州政府减排意愿强烈,"它们通过减排协议自发建立州际交易机制,即便联邦政府不支持,美国也有能力完成《京都议定书》分配给美国的减排指标"③。在这些州际和地区际的碳减排交易体系中,芝加哥气候交易所(Chicago Climate Exchange,简称 CCX)便是其中最具代表性的。

芝加哥气候交易所(CCX)由美国西北大学凯洛格商学院经济学教授理查德 · 桑德尔(Richard L. Sandor)于 2003 年创办,它是全球第二大碳汇贸易市场,也是全球唯一同时开展《京都议定书》规定的 6 种温室气体减排交易的市场。它的主要交易制度有:

第一,排放交易有统一的规定。虽然属于自愿性的交易市场,但是 CCX 规定会员一旦承诺便具有法律约束力。更重要的是,CCX 会员还自愿形成一套交易的规则(即《芝加哥协定》),"详细规定了 CCX 建立的目标、包含的范围、承诺期安排、涉及的温室气体以及投资回收期和融资银行、企业注册交易方案、温室气体监测程序等一系列的交易细则,使 CCX 的交易流程具有较强的规范性和可操作性"④。

第二,前期实践为 CCX 的良好运行奠定了基础。自近代以来,美国科学技术一直在全球处于领先地位,使得美国最先发现温室气体可导致全球气候发生变化。被尊为"全球变暖研究之父"的詹姆斯 · 汉森(James Hansen)在 1988 年 6 月美国国会参加跟气候有关的听证会时指出,人类活动所导致的温室气体效应已经形成,并引起全美媒体的注意。事实也证明了他的观点。"1992 年美国批准了《联合国气候变化框架公约》,作为第四个正式加入该公约的国家,当时走在了国际社会的前列。"⑤早在 1970 年美国就通过了《清洁空气法案》,详细规定了用行政手段促使主要污染源达到一定的排

① IETA:Greenhouse Gas Market 2008:Piecing Together a Comprehensive International Agreement for a Truly Global Carbon Market.

② 林云华:《国际气候合作排放权交易制度研究》,中国经济出版社,2007 年版,第 136 页。

③ www. rggi. org. Jim Tankersley:"Obama moves forward with plans to cut emissions"Los Angeles Times,January 25,2009。

④ 何钢:《芝加哥气候交易所》,《世界环境》2007 年第 2 期。

⑤ 郝海清:《欧美排放权交易制度研究》,中国海洋大学博士论文,2012 年,第 74 页。

放标准。1990 年通过的修正案以排污权交易为基础,通过市场化的配置来减少二氧化硫的排放控制酸雨事件的发生(简称"酸雨计划")。通过该计划的实施,"证明了交易许可方法的效果远比传统的行政命令式环境管制方法的效果好"①。正是从 1995 年开始实施、一直持续到 20 世纪初的"酸雨计划",使得美国形成了以市场为导向的排污权交易机制,为芝加哥气候交易所顺利开展碳交易奠定了基础。

第三,有效运作模式。芝加哥气候交易所的交易主体分为基本会员、协作会员、参与会员和专项交易参与商,通过交易所的登记注册系统、交易平台与结算平台展开交易。交易的产品主要是三类:温室气体排放配额(greenhouse gas emission allowances 即《京都议定书》规定的二氧化碳、甲烷、氧化亚氮、氢氟碳化物、全氟化物、六氟化硫等六种温室气体)、经过验证的排放补偿量(certificd cmission offsets)和经过验证的先期行动补偿量(certified early action credits)。在减排要求上它要求各个会员根据自身 1998—2001 年的平均排放量,在 2003—2006 年中至少每年减少 1%;在 2006—2010 年度排放量比基准至少减少 6%(基准为 2003 年排放量)。它还设置了严格的监管制度。

由于芝加哥气候交易所具有市场价格的公开透明性、交易形式的便捷性、核证核查的独立性等特征,虽然属于自愿性交易,但会员们都按时完成了减排目标。并且,它的业务范围不断扩大,在欧洲建立了分支机构——欧洲气候交易所,在加拿大建立了蒙特利尔气候交易所,与印度商品交易所建立了伙伴关系,是中国天津排放权交易所的主要股东。

三、森林碳汇交易的制度构建

欧盟排放权交易体系和美国芝加哥气候交易所的良好运行,说明碳汇——这种生态价值完全可以货币化、通过市场的方式进行调节。最重要的是,它对我国构建碳汇市场的构建具有极好的示范意义。虽然"森林碳汇"仅属于清洁发展机制中减少碳排放中的项目之一,也完全可以借鉴上述两个市场的成功经验,构建该项目的交易制度。目前很多学者认为只需借助碳汇交易的整体制度即可,在研究时有意无意注重"整体设计"而忽视森林碳汇交易"个性特征"的表达。本人认为,森林碳汇无疑应当纳入整体碳汇交易制度中去,但亦应当考虑"森林碳汇"自身的特征:

---

① 蒙少东:《美国的酸雨计划及效果对我国环保管理的启迪》,《华侨大学学报(哲学社会版)》,1999 年增刊。

（一）将"森林碳汇交易"纳入森林法体系中

无论是欧盟排放权交易体系的"关于建立温室气体排放许可交易机制的指令（2003/87/EC）"，还是美国芝加哥气候交易所所有会员基于自愿达成的《芝加哥协定》，都是保证碳汇交易顺畅而又稳定的前提。因此制定权威和约束性的法律法规，是开展森林碳汇交易制度的前提。

现行《森林法》中没有有关森林碳汇交易的规定。作为清洁发展机制中重要项目类型之一，森林法律体系应当对森林碳汇交易做出明确的规定：

第一，《森林法》应对"森林碳汇"原则性规定。"森林碳汇"是森林生态价值向经济价值转化、被纳入法律关系客体进而成为法律规范对象规程中特有的产物，作为森林法律体系中的"基本法"——《森林法》应当对森林碳汇的法律属性、交易的基本原则等做出规定。

第二，制定森林碳汇交易实施条例，细化《森林法》中森林碳汇交易制度。对森林碳汇的规定，现在主要散落于国家林业局的规范性文件之中，虽然具有较强的针对性，但是权威性和约束性不强、时效性较差，因此应当提高其法律效力，适时出台森林碳汇交易实施条例，对森林碳汇交易做出具体规定：对于核心内容——交易的主体、交易的客体及其计量标准、交易主体的权利义务应当予以明确；对于交易的程序——碳汇项目设计、国家主管机构批准、碳汇项目审定、碳汇项目登记、实施和检测、核查和核证、发放核证减排量等，也是森林碳汇交易实施条例规定的重要内容；对于森林碳汇交易的服务机构——中介机构的设立资格条件、业务范围和具体权利义务等做出规定；对森林碳汇的监督、核查。此外应当做好与协调《清洁发展机制项目运行管理办法》之间的关系。

第三，出台相应的部门规章和规范性文件，规范具体森林碳汇交易的运行。

（二）构建森林碳汇有效运行机制

就估计年减排量而言，欧盟排放权交易体系（EU ETS）和美国芝加哥气候交易所（CCX）稳居全球前两名，除了有权威、约束力的法律体系，上述两个机构健全、有效的运行机制是赢得交易主体信任的保证。

国家林业主管部门较早设置了碳汇管理机构并开展了碳汇实践活动，但是现在森林碳汇项目远没有人们想象的那样得以顺畅展开。截止到2013年12月17日，国家发展改革委批准的CDM项目共计5002个，其中"造林、

再造林"项目 5 个①,约占项目总数的 0.10% ;估计年减排量 157610 tCO$_2$e,约占批准项目估计年减排量的 0.02% ②。这固然与清洁发展机制中"造林再造林"项目本身特点有一定的关系③,但根本原因在于目前森林碳汇运行机制并不健全。

如果说"将森林碳汇交易纳入森林法体系"属于制度保障的话,那么建立"有效的运行机制"则是纯粹从技术上保障它的正常进行。森林碳汇交易属于《京都议定书》规定的清洁发展机制中项目的一种,对于该项目的运行有了相对明确的规定。作为《京都议定书》的批准国之一,中国国家层面的运转机制也只能遵照议定书及相关国际法文件,努力符合议定书及其相关文件的要求。本人认为,建立森林碳汇有效的运转机制,应当包括:

第一,建立"中国清洁发展机制下森林碳汇项目优先区域选择与评价"机制。森林碳汇项目有着严格的要求,对于项目实施的具体规则,例如"森林""造林""再造林""净温室气体清除(即碳汇)""项目的边界和泄露""基准线和额外性""计入期的确定""持久性与非持久性""审定、登记与核证"

---

① 这 5 个项目是:中国四川西北部退化土地的造林再造林项目(中方项目业主为大渡河造林局,估计年减排量 26000tCO$_2$e)、辽宁康平防治荒漠化小规模造林项目(中方项目业主为康平县张家窑林木管护有限公司,国外合作方为庆应义塾,估计年减排量为 1124 tCO$_2$e)、中国广西珠江流域治理再造林项目(中方项目业主为环江兴环营林有限责任公司,国外合作方为 International Bank for Reconstruction and Development as Truste of the Biocarbon Found,估计年减排量为 20000 tCO$_2$e)、诺华川西南林业碳汇、社区和生物多样性造林再造林项目(中方项目业主为四川省大渡河造林局,国外合作方为诺华制药公司诺华制药公司,估计年减排量为 40214 tCO$_2$e)、广西西北部地区退化土地再造林项目(中方项目业主为广西隆林各族自治区县林业开发有限责任公司,国外合作方为生物碳基金和国际复兴开发银行,估计年减排量为 70272 tCO$_2$e)

② 中国清洁发展机制网 CDM 项目数据库:http://cdm. ccchina. gov. cn/NewItemTable. aspx。

③ 对于森林碳汇项目,其实施效果及在减缓气候变化中的实质作用存在有一定的争议,反对森林碳汇项目认为很难保证森林在未来某个时期不被破坏造成 CO$_2$ 的排放、森林碳汇项目的碳储量难以估计、大规模的单一树种给当地环境造成负面影响,只有能源项目才能成为可信的碳减排项目,因此对于森林碳汇项目并不积极,但是反对者也认为建立一个由 20% ~25% 的土地利用项目和 75% ~80% 的能源项目是合理的。

"多重效益与可持续发展的目标"等概念有着明确的要求①。在这些纯技术规则的限制之下,并非所有的区域都适合森林碳汇项目,因此,有必要对若干年来的林地信息进行分析,结合该地的树木生长率评价、造林成本、该地的经济发展状况和生物多样性状况等因素,建立森林碳汇项目优先区域的选择与评价机制②。

第二,划定区域,建立森林碳汇项目库。根据森林碳汇项目优先区域的选择与评价机制,划定的优先区域③。根据生产力布局和六大林业工程规划,考虑国土生态安全以及中国西部地区生态建设需要,应该采取推荐和支持投资者到西部生态脆弱地区实施森林碳汇项目。对于符合森林碳汇项目的地区,建立碳汇项目储备库,以节省费用、降低交易成本,方便向国外碳汇购买者进行有效的推介。

第三,林业主管部门为森林碳汇项目交易提供服务。林业主管部门应当积极协调国家气候主管部门对森林碳汇项目的支持。负责森林碳汇项目的申报,组织专家编写森林碳汇项目方法学和项目的实施;协助国家有关机构完成项目的审核;负责项目的执行监督;按照国际森林碳汇的标准负责项目建设和进行计量,在条件适当时构建森林碳汇项目交易平台,为交易双方提供便利。

(三)不同市场下的森林碳汇交易

欧盟排放权交易体系(EU ETS)和芝加哥气候交易所关于碳交易的成功经验之一就是根据阶段的不同④,采取不同的交易方式,从而获得了成功,完

---

① 为了适应清洁发展机制要求,中国对"森林"重新进行了定义(但仅适用于清洁发展机制):森林是指土地面积大于0.067公顷、郁闭度大于等于0.2、就地生长高度可达2米、以树木为主体的生物群落,以及行数在2行以上且行距小于4米或者宽幅在10米以上的林带;"造林"则是指通过栽植、播种或者人工促进天然下种的方式,将至少50年内不曾为森林的土地转化为有林地的直接人为活动;"再造林"则是指通过栽植、播种或者人工促进天然下种的方式,将过去曾经是森林但是被变为无林地的土地,转化为有林地的直接人为活动。它仅限于1989年12月31日以来的林地上的造林活动。其他由于技术性太强,在此不再一一赘述。

② 李怒云:《中国林业碳汇》,中国林业出版社,2007年版,第67~79页。

③ 在"我国中国清洁发展机制下森林碳汇项目优先区域选择与评价"下,森林碳汇项目的优先区域主要分布在云南南部及西北部、四川西北部及南部、重庆南部、贵州北部、广西西北部、海南南部和华北、华中地区。

④ 欧盟排放权交易体系(EU EST)经历了启动阶段、履行《京都议定书》承诺阶段、成熟阶段,是无偿分配、自愿减排到有偿购买、强制减排的过程;美国芝加哥气候交易所(CCX)也是由"酸雨计划"的长期实践到自愿减排(这种"自愿"一经承诺便具有法律约束力,具有"强制性")的过程。详见本节上文论述。

全值得我国的森林碳汇交易借鉴。

根据交易的强制性不同，碳排放交易可以分为自愿市场和强制市场。强制市场是指在碳排放总额确定的情况下，交易主体之间就碳排放权所进行的有偿交易。在强制市场中，买方直接向卖方购买其碳排放权。排放贸易(ET)、联合履约(JI)和清洁发展(CDM)均属典型的强制市场的交易；前文所讲的清洁发展机制(CDM)森林碳汇的交易，均属于强制性交易制度的构建，这种机制下进行的碳交易称之为"核证减排量(certified emission reductions,简称 CER)"；其实在自愿市场中，森林碳汇交易也完全可以进行交易，这种机制下进行的碳交易称之为"自愿减排量(voluntary emission reductions,简称 VERs)"。

很多《京都议定书》非缔约国、私募投资者、传媒和著名大公司出于对全球气候变化的关注、企业形象包装和宣传的需要，表明国家或者企业勇于承担社会责任，提高企业在公众心目中的地位和形象，自发地参与 CDM、认购 CDM 项目产生的 VERs(自发的、公益的减排量)。"2009 年全球碳市场交易量达到 87 亿 tCO_2e(吨二氧化碳当量)，其中自愿减排交易量近 1 亿 tCO_2e(吨二氧化碳当量)。"①自愿市场的 VERs 项目开发具有周期短、能为更多的企业提供资金与技术支持等优点，保持较快的上升势头。国家也出台了《温室气体自愿减排交易管理暂行办法》(发改气候[2012]1668 号)予以规范。对于自愿市场森林碳汇交易，可以从明确规定国家鼓励森林碳汇自愿交易、建立从业机构的资质和从业人员的职业资格管理制度、对自愿减排量的买方规定减免税条款和对自愿减排量的买方给予减排量转换碳排放配额奖励等方面予以规范。

第四节　森林旅游服务合同制度

森林旅游服务合同是指森林经营者提供森林旅游服务，旅游者按约定支付报酬的合同。森林旅游服务合同属于合同法上的未名合同，可以依照《合同法》第一百七十四条，参照买卖合同的有关规定执行。

---

① 薄晓波、冯嘉：《应对气候变化背景下我国碳排放交易立法框架内容探析》，《江苏大学学报(社会科学版)》2013 年第 6 期。

本章小结

　　本章论述的目的不是从静态上如何保障林权子权利的实现,而是旨在通过制度设计,沟通诸子权利所包含的经济价值与生态价值、其他非经济价值。就具体的子权利而言,林木所有权人在行使权利受到国家基于公共利益进行管制征收时,应当给予所有权人一定的补偿;林地承包经营者行使承包经营权时,对经营主体、内容、流转方式进行管制;借鉴国外碳汇交易市场,构建我国的森林碳汇交易制度;依照合同法的规定,实现森林的生态价值与其他非经济价值。

作为完全本土化的权利,设立林权的初衷绝不是仅仅注重解放其包含的经济价值,更是为了保护林权所固有的生态价值与其他非经济价值。对上述价值进行立法保护,不但要从制度设计上明确林权主体人的权利义务,还要从私法、公法理念更新、甚至人与森林之间关系进行构造。本书从最高精神层级哲学观中人与自然之间关系的认识开始论述,在哲学研究转向与公私法理念更新的过程中,为协调林权中诸多价值提供了理论支持。并以此为基础,构建相应的制度规范林权。通过研究,本书初步形成以下结论:

第一,应当在非人类中心主义哲学观指导下构建人与森林之间的关系。人与自然之间的关系是哲学研究的重要内容。人类中心主义哲学观认为人的理性是无限的,在这种认识下人且只有人才是唯一的主体,包括森林在内的自然界都属于人类作用对象,属于客体。人类无须为采伐森林、破坏植被造成环境恶化而背负道德甚至法律上的责任;而非人类中心主义哲学观从自然的系统性、自组织性、先在性和同质性入手,认为自然(包括森林)具有不以人的评价而独立存在的内在价值,应当成为人类道德、法律的关怀对象,人类应当尊重、保护森林。在这种哲学观的指导下,森林所具有的多重价值才能得到保护。

第二,公私法理念的更新与两者融合的趋势,为林权立法协调经济价值、生态价值与其他非经济价值提供了理论基础。私法借助民法原则的合理扩大解释,体现了它的包容性与开放性。绿色文明观念、可持续发展被纳入诚实信用、公序良俗原则内容和物权客体的拓展,使得经济价值、生态价值与其他非经济价值可以纳入私法保护的范围之内;公法中行政法理念的平衡论,要求林权立法构造时应当注意协调个人利益与公共利益之间的关系;公私法融合的趋势中出现的第三法域的法——环境法,则为林权立法提供了指导。

第三，林权客体的多样性决定了它是一组权利的集合，是权利束而非单个的权利，具体包括林木所有权、林地承包经营权、森林碳汇权和森林景观权等权利。林权人在行使上述权利时，应当注意将它们所包含的生态价值与其他非经济价值融入其中：林木所有权人行使权利时，应当接受公共利益的限制；林地承包经营权经营时，应当对林地合理利用；应当扩大物权客体的范围，使森林碳汇权成为法律上的权利；森林景观权的多重价值也应当由法律予以保障实施。

第四，在对林权子权利进行制度设计时，现有法律制度对林权子权利中经济价值的静态保护已经非常完善，但在与生态价值与其他非经济价值进行沟通的制度上仍需要进行构建，本书提出，林木所有权人在行使所有权时，建立管制征收制度；林地承包经营权人在承包经营过程中，对其用途进行管制；借鉴国际碳汇交易市场经验，建立我国的碳汇交易制度；根据合同法的有关规定，构建森林旅游服务合同制度。上述子权利中经济价值与生态价值、其他非经济价值的沟通，需要具体的制度予以保障，权利的救济需要进一步探讨。

参考文献

一、著作类

[1]北京大学哲学系.西方哲学原著选读[M].北京:商务印书馆,1983.

[2]蔡晓明、蔡博峰.生态系统的理论和实践[M].北京:化学工业出版社,2012.

[3]崔建远.准物权研究[M].北京:法律出版社,2003.

[4]丁关良.土地承包经营权流转法律制度研究[M].北京:中国人民大学出版社,2011.

[5]丁建民、徐廷弼.中国的森林[M].北京:商务印书馆,1996.

[6]董安生.民事法律行为[M].北京:中国人民大学出版社,1994.

[7]董学立.物权法研究——以静态与动态的视角[M].北京:中国人民大学出版社,2007.

[8]房绍坤.公益征收法研究[M].北京:中国人民大学出版社,2011.

[9]冯俊.后现代主义哲学演讲演录[M].北京:商务印书馆,2005.

[10]冯友兰.中国哲学史新编[M].北京:人民出版社,2003.

[11]高富平.土地所有权和用益物权[M].北京:法律出版社,2001.

[12]葛洪义.法理学[M].北京:中国政法大学出版社,2002.

[13]韩良.国际温室气体排放权交易法律问题研究[M].北京:中国法制出版社,2009.

[14]胡玉浪.集体林权法律制度研究[M].北京:法律出版社,2012.

[15]黄松有.最高人民法院农村土地承包纠纷案件司法解释理解与适用[M].北京:人民法院出版社,2005.

[16]江平、张佩霖.民法教程[M].北京:中国政法大学出版社,1992.

[17]江平.民法学[M].北京:中国政法大学出版社,2000.

[18]姜春前.中国南方集体林产权改革研究[M].北京:中国林业出版

社,2008.

[19]孔凡斌.集体林业产权制度:变迁、绩效与改革探索[M].北京:中国环境科学出版社,2008.

[20]李金昌.生态价值论[M].重庆:重庆大学出版社,1999.

[21]李开国.民法基本理论研究[M].北京:法律出版社,1997.

[22]李怒云.中国林业碳汇[M].北京:中国林业出版社,2007.

[23]梁慧星、陈华彬.物权法[M].北京:法律出版社,2003.

[24]梁慧星.梁慧星文选(中国社会科学院法学精萃)[M].北京:法律出版社,2003.

[25]梁慧星.原始回归,真的可能吗?//民商法论丛[M].北京:法律出版社,1996.

[26]林云华.国际气候合作排放权交易制度研究[M].北京:中国经济出版社,2007.

[27]刘新稳.中国民法学研究述评[M].北京:中国政法大学出版社,1996.

[28]吕祥熙、林金贵.林权法律地位探析[M].//杨立新、刘德权.物权法实施疑难问题司法对策.北京:人民法院出版社,2008.

[29]吕忠梅.沟通与协调之途——公民环境权的民法保护[M].北京:中国人民大学出版社,2005.

[30]吕忠梅.环境法新视野[M].北京:中国政法大学出版社,2007.

[31]吕忠梅.环境法新视野[M].北京:中国政法大学出版社,2000.

[32]吕忠梅.环境与资源保护法学[M].北京:中国政法大学出版社,2005.

[33]罗豪才.行政法论丛(第1卷)[M].北京:法律出版社,1998.

[34]苗力田.亚里士多德全集(第9卷)[M].北京:中国人民大学出版社,1994.

[35]倪正茂.法哲学经纬[M].上海:上海社会科学院出版社,1996.

[36]彭万林.民法学[M].北京:中国政法大学出版社,1994.

[37]曲格平.环境科学基础知识[M].北京:中国环境科学出版社,1984.

[38]屈茂辉.用益物权制度研究[M].北京:中国方正出版社,2005.

[39]生态学名词审定委员会.生态学名词[M].北京:科学出版社,2007.

[40]施韦兹.敬畏生命[M].陈泽环译.上海:上海社会科学院出版社,1996.

[41]史尚宽.物权法论[M].北京:中国政法大学出版社,2000.

[42]苏祖荣.森林文化.中国林业与生态史研究[M].北京:中国经济出版社,2012.

[43]孙周兴.海德格尔选集——哲学的终结和思的任务[M].上海:三联书店出版社,1997.

[44] 汪劲. 环境法律的解释. 问题与方法[M]. 北京:人民法院出版社,2006.

[45] 王利明. 民法总则研究[M]. 北京:中国人民大学出版社,2003.

[46] 王利明. 物权法研究[M]. 北京:中国人民大学出版社,2007.

[47] 王太高. 行政补偿制度研究[M]. 北京:北京大学出版社,2004.

[48] 王泽鉴. 民法总则[M]. 北京:中国政法大学出版社,2001.

[49] 王泽鉴. 用益物权·占有[M]. 北京:中国政法大学出版社,2001.

[50] 王兆君、刘文燕、张来武. 国有森林资源产权制度变迁与改革研究[M]. 北京:科学出版社,2011.

[51] 王宗非. 农村土地承包法释义与适用[M]. 北京:人民法院出版社,2002.

[52] 魏振瀛. 民法学[M]. 北京:北京大学出版社、高等教育出版社,2000.

[53] 肖厚国. 所有权的兴起与衰落[M]. 济南:山东人民出版社,2003.

[54] 杨通进. 环境伦理. 全球话语 中国视野[M]. 重庆:重庆出版社,2007.

[55] 尹飞. 物权法·用益物权[M]. 北京:中国法制出版社,2005.

[56] 尹田. 法合同权法[M]. 北京:法律出版社,1995.

[57] 余谋昌. 生态哲学[M]. 西安:陕西人民教育出版社,2000.

[58] 张冬梅. 物权体系中的林权制度研究[M]. 北京:法律出版社,2012.

[59] 张俊浩. 民法学原理[M]. 北京:中国政法大学出版社,2000.

[60] 张俊浩. 民法学原理[M]. 北京:中国政法大学出版社,1991.

[61] 张宁. 中国碳市场建设初探[M]. 北京:中央编译出版社,2013.

[62] 张文显. 法理学[M]. 北京:高等教育出版社,2007.

[63] 张文显. 法哲学范畴研究[M]. 北京:中国政法大学出版社,2008.

[64] 张文显. 法哲学范畴研究[M]. 北京:中国政法大学出版社,2001.

[65] 张文显. 法哲学通论[M]. 沈阳:辽宁人民出版社,2009.

[66] 赵敦华. 西方哲学简史[M]. 北京:北京大学出版社,2001.

[67] 中国可持续发展林业战略研究项目组. 中国可持续发展林业战略研究·战略篇[M]. 北京:中国林业出版社,2003.

[68] 中国社会科学院语言研究所词典编辑室. 现代汉语词典[M]. 北京:商务印书馆,2002.

[69] 钟瑞栋. 民法中的强制性规范——公法与私法"接轨"的规范配置问题[M]. 北京:法律出版社,2009.

[70] 周伯煌. 物权法视野下的林权法律制度[M]. 北京:中国人民大学出版社,2010.

[71] 周生贤. 中国林业的历史性转变[M]. 北京:中国林业出版社,2002.

[72] 周训芳、谢保国,范志超. 林业法学[M]. 北京:中国林业出版社,2004.

[73]朱慧珍、张泽忠.诗意的生存——侗族生态文化审美论纲[M].北京:民族出版社,2005.

[74]卓泽渊.法律的价值论[M].北京:法律出版社,1999.

[75][德]鲍尔·施迪尔纳.德国物权法[M].张双根译.北京:法律出版社,2004.

[76][德]哈特穆尔·毛雷尔.行政法学总论[M].高家伟译.北京:法律出版社,2011.

[77][德]康德.未来形而上学导论[M].庞景仁译.北京:商务印书馆,1997.

[78][德]马克斯·韦伯.《经济与社会》(上卷),林荣远译.北京:商务印书馆,1998.

[79][法]狄骥.拿破仑法典以来私法的普通变迁[M].徐砥平译.北京:中国政法大学出版社,2003.

[80][法]笛卡尔.第一哲学沉思录[M].北京:商务印书馆,1986.

[81][美]弗兰克·G·戈布尔.第三思潮——马斯洛心理学[M].吕明、陈红雯.上海:上海译文出版社,2001.

[82][美]奥尔多·利奥波德.沙乡年鉴[M].王铁铭译.长春:吉林人民出版社,1997.

[83][美]博登海默.法理学.法律哲学与法律方法[M].邓正来译.北京:中国政法大学出版社,1999.

[84][美]大卫·格里芬.后现代科学——科学魅力的再现[M].北京:中央编译局出版社,1998.

[85][美]霍尔姆斯·罗尔斯顿.环境伦理学[M].杨通进译.北京:中国社会科学出版社,2000.

[86][美]霍尔姆斯·罗尔斯顿.哲学走向荒野[M].杨通进译.长春:吉林人民出版社,2000.

[87][美]霍尔姆斯·罗尔斯顿.哲学走向荒野[M].刘耳、叶平译.长春:吉林人民出版社,2000.

[88][美]卡洛琳·麦茜特.自然之死[M].吴国盛译.长春:吉林人民出版社,1999.

[89][美]纳什.大自然的权利.环境伦理学史[M].杨通进译.青岛:青岛出版社,1999.

[90][英]亚当·斯密.道德情操论[M].蒋自强译.北京:商务印书馆,1997.

二、论文类

[91]包战雄.森林生态美学及其对森林生态旅游的启示[J].林业经济问题,2007(6):545-457.

[92]薄晓波、冯嘉.应对气候变化背景下我国碳排放交易立法框架内容探析[J].江苏大学学报(社会科学版),2013(6):62-67.

[93]蔡守秋.环境正义与环境安全——二论环境资源法学的基本理念[J].河海大学学报(哲学社会版),2005(2):1-5.

[94]蔡守秋.论法学研究范式的革新——以环境资源法学为视角[J].法商研究,2003(3):34-46.

[95]曹孟勤.生态伦理哲学基础的反思[D].清华大学博士论文,2004.

[96]崔建远.我国物权法应选取的结构原则[J].法制与社会发展,1995(3):24-32.

[97]邓海峰.清洁发展机制权利客体初探. http://academic.law.tsinghua.edu.cn/.

[98]杜厚文.定义的表达法[J].语言教学与研究,1993(3):69-80.

[99]房绍坤、王洪平.从美、德法上的征收类型看我国的征收立法选择[J].清华法学,2010(4):84-93.

[100]高洪艳.无米下锅,碳交易市场难成炊[N].中国贸易报,2011-12-15.

[101]高立英.采伐限额制度成本分析[J].林业经济问题,2007(5):425-428.

[102]高利红.环境资源法的价值理念和立法目的[J].中国地质大学学报(社会科学版),2005(3):70-76.

[103]高利红.森林权属的法律体系构造[J].现代法学,2004(5):58-64.

[104]龚群.经济伦理关于"经济人"概念的再审视[J].中国人民大学学报,2001(6):35-41.

[105]巩固.自然资源国家所有权公权说[J].法学研究,2013(4):19-34.

[106]韩志才、袁敏殊.土地承包经营权主体辨析.安徽大学学报:哲学社会科学版[J].2007年(4):93-98.

[107]郝海清.欧美排放权交易制度研究[D].青岛:中国海洋大学,2012.

[108]何钢.芝加哥气候交易所.世界环境[J].2007(2):91.

[109]侯佳儒.近代民法的现代性危机及其后现代转向——兼论当代民法使命[J].中国政法大学学报,2009(2):126-134.

[110]胡宏伟.对土地承包经营权的解析与讨论[J].农村经济,2006(10):34-36.

[111]胡玉浪.我国关于林木物权的规定及其完善[J].林业经济问题,2007(2):162-165.

[112]金海统.论资源权的法律构造[J].厦门大学学报:哲学社会科学版,2009(6):121-128.

[113]金海统.自然资源使用权:一个反思性检讨[J].法律科学,2009(2):110-117.

[114]李春雨.林业权的法律性质与立法安排[J].国家林业局管理干部学院学报,2008(3):33-37.

[115]李世东.生态文明是社会历史发展的必然[N].中国绿色时报,2007-11-28.

[116]李顺龙.森林碳汇经济问题研究[D].哈尔滨:东北林业大学,2005.

[117]李延荣.浅谈林权制度改革中的"林权"[J].法学论坛.2009(1):.

[118]梁慧星.从近代民法到现代民法——二十世纪民法回顾[J].中外法学,1997(2):19-30.

[119]林旭霞、张冬梅.林权的法律构造[J].政法论坛,2008(3)180-187.

[120]林旭霞.林业碳汇权利客体研究[J].中国法学,2013(2):71-82.

[121]刘宏明.我国林权若干法律问题研究[J].北京林业大学学报,2004(4):43-47.

[122]刘凯湘.论民法的性质与理念[J].法学论坛,2000(1):28-34.

[123]刘先辉.生态理念下森林分类经营的法律规制[J].宁夏社会科学,2013(4):4-9.

[124]刘雁翎.正安仡佬族环境习惯法的调查[J].贵州民族学院学报:哲学社会科学版,2012(4):24-28.

[125]刘杨.正当性与合法性概念辨析[J].法制与社会发展,2008(3):12-21.

[126]卢风.放下征服者之剑——关于自然与人类之关系的哲学反思[J].自然辩证法研究,1994(6):1-8.

[127]卢风.人道主义、人类中心主义与主体主义[J].湖南师范大学学报,1997(3):13-17.

[128]吕忠梅、崔建远.准物权与资源权:民法与环境法学者的对话.中国民商法律网 http://www.civillaw.com.cn/Article/default.asp?id=27160.

[129]罗豪才、甘雯.行政法的"平衡"及"平衡论"的范畴[J].中国法学,1996(4):48-55.

[130]马岑晔.哈尼族习惯法在保护森林环境中的作用[J].红河学院学报,2010(1):1-5.

[131]马俊驹、江海波.论私人所有权自由与所有权社会化[J].法学,2004(5):83-91.

[132]蒙少东.美国的酸雨计划及效果对我国环保管理的启迪[J].华侨大学

学报:哲学社会版,1999(S1):49-52.

[133] 钱俊生、赵建军.生态文明:人类文明观的转型[J].中共中央党校学报,2008(1):44-47.

[134] 苏号朋.民法文化:一个初步的理论解析[J].比较法研究,1997(3):18-35.

[135] 苏祖荣、郑小贤.森林美学的性质及与其他学科的关系[J].中国林业教育,2012(1):37-40.

[136] 孙道进.哲学座架下的非人类中心主义梳理[J].山西师范大学学报:社会科学版,2006(3):1-8.

[137] 孙鹏.论意思自治——兼论从近代民法到现代民法[J].安徽大学法律评论,2004(2)25 34.

[138] 王利明.物权法立法的若干问题探讨[J].政法论坛,2001(4):4-20.

[139] 王跃先.中国林业碳汇交易法律制度的构建[J].安徽农业科学,2010(5):2646-2648.

[140] 韦蕙兰、陈海云、任晓东.中国林权改革的回顾与思考[J].中国林业经济,2007(4):19-22.

[141] 温世扬.林权的物权法解读[J].江西社会科学,2008(4):171-176.

[142] 吴勇.林权法律问题探究[J].中国林业,2003(10):41-42.

[143] 徐涤宇.所有权的类型及其立法结构[J].中外法学,2006(2):44-51.

[144] 许剑英.渔业权之侵害与救济[D].台北:台湾海洋大学,1991.

[145] 杨桂红.林业物权制度比较研究[D].北京:北京林业大学,2012.

[146] 杨立新、王竹.论自然力的物权客体属性及法律规则[J].法学家,2007(6):66-73.

[147] 杨信礼.理性与价值的整合:新发展观的确立与发展实践的转型[J].山东社会科学,2000(3):63-67.

[148] 杨兴.气候变化框架公约研究[D].武汉:武汉大学,2005.

[149] 杨振山、王萍.我国应制定以用益为中心的物权法[J].河南省政法管理干部学院学报,2001(3):5-9.

[150] 杨振山.市场经济与我国民商法[J].政法论坛,1993(4):3-10.

[151] 余谋昌.走出人类中心主义[J].自然辩证法研究,1994(7):8-14.

[152] 余正荣.走向"生态人文主义"[J].自然辩证法,1997(8):41-45.

[153] 袁曙宏、李洪雷.新世纪我国行政立法的发展趋势[J].行政法学研究,2002(3):6-11.

[154] 袁震.论"户"的主体构造及相关土地承包经营权益冲突[J].河北法学,2013(9):83-90.

[155]曾祥华.行政立法的正当性研究[D].苏州:苏州大学,2005.

[156]张红霄.林地承包经营权流转的《森林法》规制[J].江西社会科学,2012(4):160-164.

[157]张洪波.自然资源利用权对民法物权理论的发展[J].烟台大学学报:哲学社会科学版,2004(2):167-172.

[158]张淑芳.论行政立法的价值选择[J].中国法学,2003(4):55-64.

[159]张挺、解永照.论景观利益之私法保护[J].南都学坛:人文社会科学学报,2012(4):88-92.

[160]张翔.财产权的社会义务[J].中国社会科学,2012(9):100-107.

[161]章忠民.三次工业革命与哲学发展转型[J].福建论坛:人文社会科学版,2013(5):53-58.

[162]赵万一.对民法意思自治原则的伦理分析[J].河南政法管理干部学院学报,2003(5):15-23.

[163]钟瑞栋."私法公法化"的反思与超越——兼论公法与私法接轨的规范配置[J].法商研究,2013(4):117-126.

[164]周斌.我国集体林权改革的法律问题[D].青岛:中国海洋大学,2010.

[165]周林军.美国公用事业管制法律制度改革及对我国的启迪[D].重庆:西南政法大学,2003.

[166]周世中、杨和能.侗族习惯法在解决侗族地区林权纠纷中功能及路径选[J].山东大学学报:哲学社会科学版,2011(6):83-88.